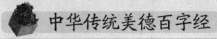

谏·能谏则诚

于永玉 刘凤强 ◎编

　　一段历史之所以流传千古,是由于它蕴涵着不朽的精神;一段佳话之所以人所共知,是因为它充满了人性的光辉。感悟中华传统美德,获得智慧的启迪和温暖心灵的感动;品味中华美德故事,点燃心灵之光,照亮人生之路。

天津人民出版社

图书在版编目（CIP）数据

谏：能谏则诚 / 于永玉，刘凤强编. —天津：天
津人民出版社，2012.1
　　（巅峰阅读文库. 中华传统美德百字经）
　　ISBN 978-7-201-07339-2

　　Ⅰ. ①谏… 　Ⅱ. ①于… ②刘… 　Ⅲ. ①品德教育—中
国—通俗读物　Ⅳ. ① D648-49

中国版本图书馆 CIP 数据核字 (2011) 第 268389 号

天津人民出版社出版

出版人：刘晓津

（天津市西康路 35 号　邮政编码：300051）

邮购部电话：（022）23332469

网址：http://www.tjrmcbs.com.cn

电子信箱：tjrmcbs@126.com

北京一鑫印务有限责任公司印刷　新华书店经销

2012 年 1 月第 1 版　2012 年 1 月第 1 次印刷

690×960 毫米　16 开本　10 印张　字数：100 千字

定价：19.80 元

中国是一个具有悠久历史和灿烂文化的文明古国，也是举世闻名的礼仪之邦。在历史的长河中，中华民族创造出了绚丽多彩的物质文化和精神文化，为人类的发展和进步做出了重要贡献。其中，中华民族的传统美德被大家代代传承。

那么，什么是传统美德？什么是中华民族的传统美德呢？通常来说，传统美德就是在自觉或习俗的道德规范中，一些被大多数人所接受并实际奉行的，而且在现代仍有着积极影响的那些美德。具体到中华民族传统美德，概括起来就是指中华民族优秀的民族品质、优良的民族精神、崇高的民族气节、高尚的民族情感以及良好的民族礼仪等，是中华民族在历史实践过程中积累而成的稳定的社会优秀道德因素，体现在人们生活的方方面面，涉及政治、经济、文化、意识等领域，并通过社会心理结构及其他物化媒介得以代代相传。

前 言

经过长期的历史沉淀，中华传统美德已融入到中华民族的思想意识和行为规范中，成为社会道德文化的遗传基因，成为整个中华民族文化的精神内涵，也是中华五千年文明史的精髓所在。继承和弘扬中华民族传统美德，可以振奋民族精神，增强民族自尊心、自信心、自豪感和凝聚力，使社会主义道德规范具有更丰富的内涵，让社会主义、集体主义、爱国主义思想等更加深入人心，成为社会主义文化的主旋律。同时，还可以更好地协调人际关系，促进社会主义市场经济的健康发展，形成有中国特色的、适应社会发展的价值观和伦理道德规范。

国民的思想道德状况，尤其是青少年的思想道德状况，直接关系着一个国家、一个民族的整体素质，关系着国家前途和民族命运。目前，我国已进入改革发展的新时期新阶段，德育教育的价值和意义更是日渐凸显。大力弘扬中华传统美德，建设社会主义核心价值体系，促进社会主义文化的发展和繁荣，是建设全面小康社会的主要任务，更是实现中华民族伟大复兴的必然要求。因此，党中央非常注重我国公民道德建设，全社会也已形成了加强和改进思想道德建设的新风尚。

　　青少年是国家的希望，是民族不断发展和延续的根本，因此，青少年德育教育就显得更加重要。为了增强和提升国民素质，尤其是青少年的道德素质，我们特意精心编写了本套丛书——《中华传统美德百字经》。

　　本套丛书立足当前公民，尤其是青少年思想道德教育的现实，将中华民族的传统美德归纳为一百个字，即学、问、孝、悌、师、教、言、行、中、庸、仁、义、敦、和、谨、慎、勤、俭、恤、济、贞、节、谦、让、宽、容、刚、毅、睦、贤、善、良、通、达、知、理、清、廉、朴、实、志、道、真、立、忠、诚、公、正、友、爱、同、礼、温、信、尊、敬、恭、恕、责、仪、精、专、博、富、明、智、勇、力、安、全、平、顺、敏、思、积、利、健、率、坚、情、养、群、严、慈、创、新、变、革、争、谏、诲、齐、省、克、竞、求、简、洁、强、律。丛书内容丰富、涵盖性强，力图将中华民族传统美德的内涵囊括进去。丛书通过故事、诗文和格言等形式，全面地展示了人类永不磨灭的美德：诚实、孝敬、负责、自律、敬业、勇敢……

谏·能谏则诚

2

这些故事在中华民族几千年的历史长河中，一直被人们用来警醒世人、提升自己，用做道德上对与错的标准；同时通过结合现代社会发展，又使其展现了中华民族在新时代的新精神、新风貌，从而较全面地展示了中华民族的美德。

在本套丛书中，为了帮助读者更好地理解这些源远流长的传统美德，我们还在每一篇故事后面给出了"故事感悟"，旨在令故事更加结合现代社会，结合我们自身的道德发展，以帮助读者获得更加全面的道德认知，并因此引发读者进一步的思考。同时，为丰富读者的知识面，我们还在故事后面设置了"史海撷英"、"文苑拾萃"等板块，让读者在深受美德教育、提升道德品质的同时，汲取更多的历史文化知识。

这是一套可以打动人心灵的丛书，也是可以丰富我们思想内涵的丛书……《中华传统美德百字经》向我们展示的是一种圣洁的、高尚的生活哲学。无论在任何社会、任何时代，给予人类基本力量的美德从来不曾变化。著名的美国政治家乔治·德里说："使美国强大的不是强权与实力，而是上帝赐予的美德。假如我们丢失了最根本且有用的美德，导弹和美元也不能使我们摆脱被毁灭的命运。"在今天，我们可能比任何时候都更应关心道德问题，尤其是青少年的道德问题，因为今天我们正逐渐面临从未有过的道德危机和挑战。

人生的美德与智慧就像散落的沙子，我们哪怕每天只收集一粒，终有一天能积沙成塔，收获一个光辉灿烂的明天。《中华传统美德百字经》中的美德故事将直指我们的内心，指向人性中善良的一面，唤起我们内心深处的道德感。因此，中华民

族的传统美德也一定会在我们的倡导和发扬之下，世世传承，代代延续！

全套丛书分类编排，内容详尽、文字优美、风格独具，是公民，尤其是青少年思想道德建设的优秀读物。愿这些恒久流传的美文和故事能抚平我们每个人驿动的心，愿这些优秀的美德种子能在青少年身上扎根、发芽、生长……

谏·能谏则诚

古人云："人非圣贤，孰能无过。"纵观历史，不乏有贤臣进谏，指君之过；有明君纳谏，改己之过。也正因如此，才有了历史上的"太平盛世"。所谓能谏则诚，追古思今，细细思量，在皇帝一统天下的封建时代，很多帝王都有着从谏如流的气概，朝臣且有犯颜进谏的勇气，所以他们所在的时代都会民富国强、繁荣昌盛。

敢于进谏，也就是敢于讲真话。就是我们历来所倡导的：说老实话，办老实事，做老实人。

敢于进谏，就要有勇气。进谏难，讲真话难，难就难在需要胆略和勇气，难就难在要有敢于牺牲的精神。历史上不乏敢于进谏的忠臣义士，却往往留下悲惨的故事。或许是"前车之鉴"太多，现实生活中往往就有一些人不敢讲真话，不愿讲实话。敢于进谏，就应该克服心理障碍，要以国家事业为重，以非凡的胆量、以宏大的气魄、敢于坚持真理，无私无畏，勇于直言。

敢于进谏，还要有策略。讲真话，要注意策略，注意方法，做到善于讲真话。邹忌就是很好的例子。他从生活琐事说起，动之以情，晓之以理，娓娓道来，入情入理，由于其善于进谏，他的意见得到了齐王的采纳。我们提倡讲真话，不是信口开河地乱说，不是不假思索地乱发议论。勇于纳谏，就是以海纳百川的胸襟，以虚怀若谷的肚量，广开言路，广征良策，达到促进工作、成就事业之目的。

勇于纳谏，要有真诚的态度，真心诚意地听取方方面面的意见，实实在在地接受社会各界的批评，不搞哗众取宠的虚架子，不装徒有虚名的假姿态。用真心，才能听到真实的声音；用诚意，才能看到真实的情况。

勇于纳谏，还要有磊落的胸怀。对待批评，对待意见，闻过则喜，有则改之，无则加勉。无论是正确的指正，还是一时的误解，均虚心接受，让进谏者彻底消除怕打击报复、怕事后给小鞋穿的顾虑。即使是错误的意见、恶意的批评，也不搞"秋后算帐"、"一棍子打死"。只有保持这种宽广的胸襟和自信的气度，勇于纳谏才能蔚然成风。

勇于纳谏，更要有高效的结果。齐王纳谏的结果是"战胜于朝廷"，齐国终成战国七雄之一；历史上的"贞观之治"、"康乾盛世"，无不是从谏如流氛围的结果。我们讲勇于纳谏，应追求高效的结果，是把所纳之谏作为完善工作的依据，把批评意见当作成就事业的起点，而不是束之高阁，徒有虚名。

总之，进谏和纳谏是历史贤臣和我们当今贤明执政者的使命所在，更是我们广大群众的职责所在。唯有如此，才可形成上下同心、齐心协力的局面，才可实现中华民族伟大复兴的目标。

目录

ZHONGHUACHUANTONGMEIDEBAIZIJING

中华传统美德百字经

谏·能谏则诚

第一篇

诚心谏言亦有道

宓子贱掣肘谏君

◎水能载舟，亦能覆舟。——《孔子家语》

宓子贱（生卒年不详），姓宓，名不齐，字子贱。春秋时期鲁国人。孔子弟子，鲁哀公时任单父宰，为政三年，单父大治。《史记》中说："子产治郑，民不能欺，子贱治单父，民不忍欺，西门豹治邺，民不敢欺。"宓子贱治单父，仁民爱物，善于用人，功绩卓著，为后人传颂。

"掣肘难书"这个典故出自《吕氏春秋·具备》。说的是鲁国的贤人宓子贱受命治理一个名叫单父的地方，但他又怕鲁君听信谗言，使他不能按照自己的主张治理地方。因此在辞别鲁君的时候，宓子贱就请求鲁君派两名近侍随他同往单父。

到达单父后，当地官吏都来参见，宓子贱就让这两名近侍书写记录。近侍书写之时，宓子贱就从旁边摇晃他们的胳膊，以致字写得非常难看。宓子贱借机大发雷霆，两名近侍非常犯愁，就准备辞别回都。宓子贱说："你们书法很差，赶紧回去吧。"

两名近侍回去后，报告鲁君说："宓子贱这个人，很难和他一起做事，无法为他做书记。"

鲁君就问："为什么呢？"

近侍回答道："他让我们书写记录，却又不时摇晃我们的胳膊。字写不好，又大发脾气，单父的官吏们都笑他，因此我们就告辞回来了。"

鲁君听了，叹息说："这是宓子贱在劝谏我改正不贤德的地方啊！过去我一定对宓子贱干扰过多，使他不能按照自己的主张办事。没有你们二人，我差点就做错事了。"

于是，鲁君又立刻派遣一名宠信官吏前往单父，转告宓子贱说："从今往后，我不再过多地干涉单父了，主权属于您了。只要有利于治理单父，您就自己做决定，五年之后再来报告您的政绩吧。"

宓子贱恭敬地答应了，在单父顺利地推行了他的政治主张。

◎故事感悟

　　这个故事说明，充分信任、放手使用部下，给他们一定的自主权，是关乎事情成败的重要环节。在故事中，宓子贱有自己的主张，并用巧妙的方式向国君进谏；国君深明事理，充分信任臣下。君明臣贤，令人感叹。

◎史海撷英

宓子贱鸣琴而治

　　有一次，孔子问宓子贱说："你治理单父，百姓都高兴，你是怎样做的？"

　　宓子贱说："我以对待父亲之礼对待老人，以对待子女的心肠看待单父的孩子，抚恤孤寡；比我贤能的人，我尊他们为师。"

　　孔子高兴地说："尧舜治理天下，努力寻求贤能辅佐。可惜你不遇时，治理的只是一个小城。"

　　宓子贱在单父三年，任贤用能，常常身不下堂，鸣琴唱和，把单父治理得物阜年丰、风淳俗美、夜不闭户、路不拾遗，史称"鸣琴而治"。

◎文苑拾萃

伊尹伐桀

　　商汤死后，伊尹成为商国的重要辅臣。商汤原来有三个儿子，大儿子太丁死

得早，因此汤死后，伊尹便扶持商汤二儿子外丙继位做了商王。但是，外丙不久也死了，于是伊尹又立他的弟弟仲壬为王。过了不久，仲壬又死了，伊尹只好立商汤的长孙太甲为王。

太甲从小就生长在帝王之家，过着无忧无虑的生活，因此即位后，对政务民事从不过问，整天只知道寻欢作乐。

伊尹一再教导太甲要勤政爱民，不能耽于游乐，但太甲根本听不进去。伊尹看到太甲执迷不悟，心想：太甲这样放纵下去，说不定将来会成为夏桀一样的人。因劝戒毫无结果，伊尹便和其他大臣商议后，把太甲软禁在汤墓附近的相宫（今河南偃师县西南），让他静心思过。

三年后，伊尹看到太甲稚气脱尽，行为简朴，与三年前相比判若两人，感到非常高兴，便亲自携带商王的冠冕衣服到相宫，迎接太甲返回亳都再登王位，把国政交还给了太甲。

烛之武一言退敌

◎忠言逆耳利于行，良药苦口利于病。——格言

烛之武（生卒年不详），春秋时郑国人。一生官职较小，以退秦师一事名垂青史。

公元前630年，晋国和秦国合攻郑国，包围了郑都。这两个国家为什么要攻打郑国呢？

原来郑国曾两次得罪过晋国，一是晋文公当年逃亡路过郑国时，郑国没有以礼相待；二是在公元前632年的晋、楚城濮之战中，郑国曾出兵帮助楚国。结果，城濮之战以楚国失败而告终。

郑国感到形势不妙，就马上派人出使晋国，与晋国结好。但是，郑国最终也没能感化晋国。晋文公为了争夺霸权的需要，还是在两年后发动了这次战争。晋国为什么要联合秦国围攻郑国呢？因为秦国当时也要争夺霸权，也需要向外扩张。

当时，晋军驻扎在函陵，秦军驻扎在汜水的南面。郑国危在旦夕，郑国大夫佚之狐对郑伯说："郑国处于危险之中，如果能派烛之武去见秦伯，一定能说服他们撤军。"

郑伯同意了，就召见烛之武。烛之武推辞说："我年轻时，尚且不如别人；现在老了，不能干什么了。"

郑文公说："我早先没有重用您，现在危急之中求您，这是我的过错。郑国灭亡了，对您也不利啊！您就辛苦一趟吧！"烛之武答应了。

到了夜晚，郑国人就用绳子把烛之武从城上放下去，让他去见秦穆公。

烛之武见到秦穆公后，说："秦、晋两国围攻郑国，郑国已经知道自己要

灭亡了。如果灭掉郑国对您有好处，您还值得如此兴师动众。你们两家拿下郑国后就要分土地，越过别的国家把远地作为秦国的边邑，您知道这是困难的，您为什么要灭掉郑国而给邻国晋国增加土地呢？邻国的国力雄厚了，您的国力也就相对削弱了。如果您放弃围攻郑国而把它当作东方道路上接待秦国过客的主人，出使的人来来往往，郑国可以随时供给他们缺少的东西，对您也没有什么害处。而且您曾经给予晋惠公恩惠，晋惠公也答应给您焦、瑕二座城池。然而，他早上渡过黄河回国，晚上就修筑防御工事，这是您知道的。他们晋国哪里有满足的时候啊？现在它已经在东边使郑国成为它的边境，又想往西扩大边界。如果不侵损秦国，将从哪里得到它所贪求的土地呢？削弱秦国对晋国有利，希望您好好考虑这件事！"

秦穆公听了，很赞成烛之武的意见，就与郑国签订了盟约，并派杞子、逢孙、杨孙守卫郑国，于是秦国就撤军了。

晋国将军子犯请求袭击秦军，晋文公说："不行！假如没有秦人的力量，我是不会到这个地步的。依靠别人的力量而又反过来损害他，这是不仁义的；失掉自己的同盟国，这是不明智的；用混乱相攻取代联合一致，这是不勇武的。我们还是回去吧！"晋军也就撤离了郑国。

就这样，烛之武将自己的国家从危难之中解救出来。

◎故事感悟

烛之武的外交辞令极为出色。他说服秦伯，虽然目的是求和，但不露一点乞怜相。他利用秦晋之间的矛盾，动之以情，晓之以理，说得头头是道，使人信服。他虽为郑国而来，但在说辞里处处为秦国利益着想，使秦穆公心悦诚服，不仅答应退兵，而且助郑防晋。晋国失去同盟国，也只好退兵。烛之武一言救国，令人欣赏不已。

◎史海撷英

秦穆公降晋国

晋献公晚年，朝廷发生了骊姬之乱，世子申生自杀，公子重耳和夷吾出逃。

穆公九年（公元前651年），晋献公死，骊姬之子奚齐继位，但很快就被其臣里克杀死。秦穆公便派百里奚带兵送夷吾回国继位，是为晋惠公。

夷吾曾事先答应将河西八城割给秦国作为谢礼，可继位后却毁约了。穆公十二年（公元前648年），晋国发生旱灾，秦穆公运送了大量的粟米援助晋国。十四年（公元前646年），秦国也发生了饥荒，可晋国不但不给秦国粮食救灾，反而乘机出兵，于次年攻秦。双方在韩原大战，秦军最终生俘了晋惠公。在周襄王和穆姬的请求下，秦穆公与晋惠公结盟后，将其放回。晋惠公送太子圉到秦国做质子，并将黄河以西的土地献给秦国，秦的东部疆界扩大到了龙门。

◎文苑拾萃

送怀玉之越谒秋房使君

（宋）胡仲弓

纷纷人少强，有客面如铁。

前日方游吴，今日又走越。

一身天地间，行役劳岁月。

问子去何为，岂是事干谒。

往访蓬莱翁，欲换诗仙骨。

此行遇故知，茂林有清樾。

元龙百尺楼，千钧引一发。

妙年负壮志，三军不可夺。

不见韩致光，虎须手曾捋。

不见烛之武，虽老更奇崛。

一杯壮行色，肯作儿女别。

朔风正凝寒，柳巳不堪折。

赠子一枝梅，掉我三寸舌。

临风语未终，长江橹声发。

颍考叔妙计谏庄公

◎无稽之言勿听，弗询之谋勿庸。——《书·大禹谟》

> 颍考叔（生卒年不详），名考叔。春秋郑国庄公时期的大夫，为颍谷封人（地方官），故称颍考叔。
>
> 郑庄公（公元前757-前701年），名寤生。郑武公之子，今郑州市新郑人。春秋初年的郑国国君，公元前743年至公元前701年在位，是一个有战略眼光、精权谋、善外交的政治家。

春秋时代，郑国国君郑武公娶了一位夫人，名叫武姜。她生了两个儿子，大儿子就是后来的郑庄公，小儿子是共叔段。在生大儿子时，武姜氏因难产受到惊吓，因此一直不喜欢郑庄公，对小儿子倒是十分宠爱。武姜氏多次向国君要求立共叔段为太子，国君坚决不答应。

后来，郑庄公继承了王位，共叔段也应该到自己的封地去。武姜氏为共叔段要求去至关紧要的地方，庄公碍于情面，只好答应。共叔段在封地不断扩大自己的势力，他还与母亲约好日期，准备里应外合，取代郑庄公。郑庄公得知这一消息后，很快平息了叛乱。

郑庄公对母亲和弟弟的做法很生气，就把武姜氏安置到城颍软禁起来，并且向她发誓说："不到死后埋入黄泉，决不相见了！"

过了一段日子，郑庄公便对自己的做法后悔了。他想：不管她做了什么对不起自己的事情，武姜毕竟是自己的母亲。她生了自己，把自己养大，自己怎能这样对待她呢？可又转念一想，自己是个国王，发誓说过的话又不能随便收回，这可怎么办呢？郑庄公左右为难，吃不下饭，睡不好觉，整天闷闷不乐。

这一天，郑庄公又在发愁，忽然颍考叔前来看望他。颍考叔负责管理疆界，是出了名的孝子。他带了一些礼物进献给郑庄公，郑庄公留他吃饭。在饭桌上，颍考叔把碗里的肉挑出来放到另一个碗里，自己却吃得很少。郑庄公觉得奇怪，便问他："你为什么要这样做呀？"

颍考叔回答说："小人家有年迈的母亲，平时我给她做的饭菜，她都吃过了，就是没吃过国王您赏赐的肉。请让我把肉带回去转赠老母，尽一点孝心吧！"

郑庄公感慨地说："可羡你有母亲可以孝敬，而我却不能尽孝心了！"

"这是为什么呀？"颍考叔故意装作不知道原因。

郑庄公将事情的前后经过说了一遍，又叹了一口气说："现在回想起来，真是后悔也来不及了。"

颍考叔想了一下说："大王不必发愁，我有个主意。您可以挖条隧道，下及泉水，您同母亲在那里相见，既见到了母亲，又不违背誓言，别人还能说什么呢？"

郑庄公听从了颍考叔的主意，与母亲在隧道里相见。郑庄公十分高兴，在隧道里赋诗道："大隧之中，其乐也融融！"

母子二人出来后，武姜氏也高兴地赋诗道："大隧之外，其乐也泄泄！"母子又恢复了亲情关系。

◎故事感悟

颍考叔的孝心和智谋得到了当时人和后人的赞扬。他爱自己的母亲，也愿意让他人母子团聚。他没有直接劝谏国君，而是用反常的举动引起国君的注意，巧妙地打动国君的心，并利用"黄泉"一词的多义提出了恰当的方法。在他身上，孝心与智慧同样闪光。

◎史海撷英

郑庄公计败北戎

公元前714年，北戎部落乘中原诸侯国连年混战之机，南侵郑国，郑庄公亲自率军抵抗。

当时，北戎的部队骁勇善战，而地形又不利于郑国的兵车对其作战，所以郑庄公十分忧虑。这时，公子突详细地分析了戎军"轻而不整，贪而无亲，胜而不让，败不相救"的弱点，认为应采取设伏诱敌的办法，分而歼之。郑庄公觉得这一计策非常好，便分三处埋伏，命大夫祝聃率领一支部队先出阵求战，与敌人一接触就佯败退走。戎兵不知是计，被诱入郑军的埋伏圈。郑国三处伏兵见状，立即把戎军分为几段而攻之，使其首尾不得相顾，祝聃又率部反戈回击，造成前后夹攻之势。最终，北戎后续部队无法相救，遭到郑军伏击的北戎前军被全部歼灭。

◎文苑拾萃

成语"多行不义必自毙"

这个成语出自《左传》中"郑伯克段于鄢"的故事。

郑庄公在位期间，他的弟弟共叔段的势力越来越大，已经威胁到了国家的安全。大臣祭仲说："共叔段封地的城池大小不合法度，违反了先王的制度，这会使您受损的。"

庄公回答说："母亲姜氏要这么做，我怎能避开这祸害呢？"

祭仲说："姜氏什么时候会满足呢？不如早些处置共叔段，不让他的势力蔓延。如果蔓延开来，就难对付了。蔓延开的野草都除不掉，更何况是您受宠的兄弟呢？"

庄公说："多行不义必自毙（干多了不仁义的事情，必定会自取灭亡），您姑且等着看吧。"

后来，共叔段果然发动叛乱。但由于不得人心，叛乱很快就被镇压了，共叔段也被别人杀死了。

荀息垒卵喻国势

◎欲人不闻，莫若不言；欲人不知，莫若不为。——枚乘
《上书谏吴王》

> 荀息（?—前651年），名黯，息为表字。春秋时代晋国大夫。本姓原氏，称原氏黯。晋国灭荀国（今山西襄汾县荀董村附近）后，以荀国旧地赏赐原氏为邑，原氏从此以荀邑为姓。据史料记载，荀息出生于翼城县息城。荀息为人忠诚，足智多谋，忠心耿耿事奉晋君近30年，是当时晋国的肱股之臣。

春秋时期，晋国的晋灵公贪图安逸的生活，每天都有吃不完的珍馐美味，穿不尽的绫罗绸缎，还有很多美女侍奉，但他还是觉得不够。

有一天，晋灵公突发奇想，要修筑一个九层的高台，用来登高望远，俯瞰全国各地。于是，他便下旨把全国的财力、人力都集中起来，准备修筑这个高台。农民也都被征来修高台了，就连很多妇女也被征来做后勤，做饭送水，结果导致土地都荒芜了。

许多大臣都觉得，一个国家如果整天这样浪费国力，是十分危险的，所以都想向晋灵公进言，劝他别这么干。可是晋灵公早就下了口谕："谁敢进谏我修高台这件事，杀无赦！"这样一来，谁都不敢进言，只好眼睁睁地看着国家形势越来越严峻。

有个叫荀息的大臣，很为国家担忧，他说："我得向国君进言劝阻。"大家都说："这可太危险了。""你们放心，我自有办法。"荀息求见晋灵公，晋灵公知道荀息肯定是来阻止他的，于是他摘下弓来，拿一只箭搭到弦上拉开，一手夹着箭，一手拿着弓等着，只要他一开口规劝，就射死他。荀息拜见晋灵公后，晋灵公看着他说："荀息，我知道你来干什么。"

"大王，您说我来干什么？""你是来谏阻我修九级高台的吧？你不要说，看见这只箭了吗？只要你一说这话，我这手一松就把你射死了。"

"大王，您怎么知道我是来劝阻您修高台的？我说了吗？没有呀。大王，我有一项本领，能够逗您高兴，想在您面前展示展示，我是为了这个来的。"

晋灵公马上来了兴趣，把弓箭放到一边，说："你有什么可供我观赏的技能？快让我看看。"

荀息说："我能把12个棋子堆起来，上面再加几个鸡蛋。"

"哎，这很有趣！"晋灵公一下来了精神，命侍从拿出棋子和鸡蛋。

荀息认真地先把12个棋子垒起来，然后又把鸡蛋放上去。

旁边观看的人担心鸡蛋会掉下来，都紧张得屏住呼吸，瞪圆眼睛。晋灵公也惊慌急促地叫道："哎呀，太危险了！危险呀！"

荀息却慢条斯理地说："这没有什么了不起的，还有比这更危险的呢！"

灵公说："好，我倒想知道是什么事情。"

荀息见时机已经成熟，就不再表演，而是立起身子，无比沉痛地说："启禀大王，请让我讲几句话，臣即使死了也不后悔！您要建九层的高台，三年没有成功，国内已经没有男人耕地、女人织布了。国家的库存已经空虚，邻近的国家将要侵犯我们。这样下去，国家总有一天要灭亡的。建造高台，就像这垒鸡蛋一样危险，请尊敬的大王三思而后行！"说着泪滴衣襟。

晋灵公见荀息说得合情合理，态度诚恳，也明白了建造高台对国家的巨大危害。他叹了口气，说："我的过失竟然严重到这种程度了！"于是下令，停止建造高台。

◎故事感悟

晋灵公贪图享乐，不顾民众死活和国势安危，并以暴力压制舆论。荀息并不直接劝谏，他采取迂回之策，用"累卵"之危比喻国势之危，形象生动，打动了晋灵公的心。晋灵公在这件事上知错能改，也实属难得，正所谓"迷途知返，往哲是与；不远而复，先典攸高"。（走错了路而知道回头，是圣人所赞许的；错路走得还不远就能改归正道，是历代经典中所赞扬的。）

◎史海撷英

荀息以死报君

公元前561年，晋献公听信宠妃骊姬的谗言，逼死太子申生，逼走了公子重耳和夷吾，立骊姬所生的儿子奚齐为太子，并任命荀息为太傅，辅佐年幼的奚齐。

当年九月，晋献公于病榻前召见了荀息，委以托孤的重任。荀息叩头答应说："臣竭其肱股之力，加之以忠贞，其济，君之灵也；不济，则以死继之！"

献公病逝后，荀息即立年仅11岁的奚齐为国君。当时，晋国人民对骊姬一伙的行为极为不满，都希望重耳和夷吾两位公子能够回来执政。朝中大臣里克借给晋献公举行治丧仪式的机会，刺杀了奚齐。不料，荀息又扶立奚齐的异母弟卓子为国君。

不久后，里克和丕郑发动了兵变，杀死了卓子和骊姬，荀息深感有负于献公，便自杀了。随后，公子夷吾回国即位，是为晋惠公。至此，晋国的骊姬之乱总算完全平息了。

荀息受晋献公的重托，不食其言，忠于职守，最终不惜以死殉之，表现出了高度的忠贞品格。然而，他一味地愚忠于先君，却辜负了全国军民平息内乱、安定国家的希望，到头来反而使国家受到损失，自己也落了个身死的可悲下场。

◎文苑拾萃

成语"危如累卵"

比喻形势非常危险，如同堆起来的蛋，随时都有倒下打碎的可能。又作"危于累卵"。

这个成语出现得非常早，《战国策·秦策四》中说道："当是时，魏危于累卵，天下之士相从谋。"《韩非子·十过》中也说："其君之危，犹累卵也。"《史记·范雎蔡泽列传》也有"秦王之国，危于累卵，得臣则安"的说法；《梁书·侯景传》中"复言仆众不足以自强，危如累卵"这句话也用到了这个成语。

士会死谏救统帅

◎防民之口，甚于防川。——《国语》

> 士会（约公元前660—前583年），即范武子（随武子）。春秋时期晋国大夫。祁姓，士氏，名会，字季，因封于随，称随会；封于范，又称范会；以大宗本家氏号，又为士会。晋国重臣。
>
> 荀林父（？—前593年），姬姓，中行氏，名林父。因任中行之将，故以中行为氏。史料中多用其大宗本家氏号，故又称荀林父。因死后的谥号为"桓"，又称中行伯、中行桓子、荀桓子。春秋中期晋国正卿，中军元帅，名将。主要活动在晋文公、襄公、灵公、成公、景公时期（公元前636—前581年）。

晋成公七年（公元前600年），晋国与楚国争强，晋国的名将荀林父率师击败了楚军。晋景公三年（公元前597年），荀林父任中军元帅，开始执掌国政，并率师与楚国进行了著名的邲（今河南荥阳东北）之战。然而，晋军因内部出现分歧，最终被楚军打败。

回国后，荀林父便主动请罪。晋景公怒气冲冲，喝令刀斧手把跪在地上的荀林父推出去斩首。

荀林父微微抬起头，沉痛地说："我身为晋国的三军统帅，这次兵败楚国，我罪责难逃。国君要杀我，我没什么怨恨的。只是我死后，请国君能吸取这次失败的教训，让晋国再次强大起来。"

大臣们都低下了头。他们都认为荀林父以前有功于晋国，打了一次败仗就处死刑，这是不合情理的。然而，大家都惧怕暴怒中的晋景公，所以谁都不敢为荀林父说几句公正和求情的话。

就在这时，静寂的宫殿里突然响起一个声音"大王不该杀他！"大臣们一看，原来是大夫士会站出来为荀林父说话了。

"败军之帅，罪大当诛。"晋景公没有一点商量的余地。

"荀林父是我们晋国的栋梁之才，屡建奇功，进则尽忠，退则思过，这样的人杀了，只有我们的敌人才会高兴。"士会慷慨激昂地说，"大王一定记得我们晋国打败楚国的城濮之战吧？我军抓到许多的俘虏，缴到难以计数的武器和粮食。可是，先君文公还不敢高枕无忧。后来楚国的国君杀了得臣，文公高兴得载歌载舞，说：'楚国没有能人来进攻晋国了，我真可以睡个安稳觉了。'果然，楚国两代都一蹶不振。从这件事我们不难看出，一个有治国能力的大臣对一个国家有着多么重要的作用啊！"

晋景公静静地听着，脸上的怒气在渐渐消退。

"现在国君要杀的荀林父，就是一个不可多得的能臣。我们的敌人日夜想把他杀死，以削弱晋国的力量。"士会继续陈述着，"如果国君杀死了荀林父，那不是帮助了敌人，而让晋国遭到了无法挽回的损失吗？如果说他这次打了败仗，那只是一个偶然的失误，这同他以前为晋国建立的功劳相比，好比太阳出现日蚀、月亮出现月蚀一样，怎么能损害它的光芒呢？"

"你说得很对，我险些枉杀了一位功臣。"晋景公走下座位，扶起了跪着的荀林父，当场赦免他的过失，恢复他原来的职位。

后来，荀林父也接受了教训，注意使全军贯彻一个明确的军事意图，统一指挥，统一行动。不久，他又指挥了一次示威性的伐郑的战役，目的是威胁郑国脱离与楚国的同盟，与晋国重修旧好，晋国的军队很出色地完成了这个任务。

晋景公六年（公元前594年），荀林父率师攻灭了赤狄的潞氏（今山西潞城东北），晋景公特意赏赐给他"狄臣千家"（狄人奴隶一千家）。同时还赏给士会晋国的瓜衍之地，并对他说："寡人得到狄国的土地是你的功劳，要不是你的劝谏，寡人早已经失去荀林父了。"

◎故事感悟

晋景公一时被愤怒冲昏了头脑，忘记了胜败乃兵家常事的道理，欲杀主帅。

士会不顾自身安危，以先君晋文公的事例说明了杀大将只会帮助敌人的道理，令晋景公幡然悔悟，保住了国之重臣，成就了以后的事业。这个故事既表现了士会以国事为重、冒险进谏的精神，也说明了正确使用人才的重要性。

◎史海撷英

邲之战

公元前597年，楚国进攻郑国，晋国的荀林父奉命统兵救郑。到了黄河后，荀林父了解到郑国已经与楚国讲和了，便想回师。然而，将领之间却出现了分歧，中军副将先縠擅自率所部渡河，荀林父不得已，也被迫令全军尽渡，驻军于邲。

楚军由楚庄王亲自统领。开始时，楚庄王并没想要与晋军决战，后来采纳了伍参的意见，认为荀林父新主中军，号令不行，他的副手先縠刚愎不仁，不肯听从命令，他们的三个统帅也各自主张，因此打起仗来，晋军必败。于是，楚庄王命孙叔敖挥军北上，与晋军对抗。

孙叔敖先发制人，命左、中、右三军及楚王亲兵布好阵式，掩袭晋军。荀林父没想到楚大军迫近，惊慌失措，忙下令晋军渡河后退，击鼓宣布说："先渡河者有赏。"中军、下军争相上船，先上船的用力乱砍攀登船舷的人的手指，船中的断指多得可以用手捧起来。晋上军因主帅士会早有准备，在敖山设伏应敌，才最终得以不败。

◎文苑拾萃

成语"困兽犹斗"

困兽：被围困的野兽；犹：还，仍。被围困的野兽还要作最后挣扎。比喻在绝境中还要挣扎抵抗。

这个成语就出自《左传·宣公十二年》所记述的士会力谏救荀林父这一故事。士会说，城濮之战后，晋文公不喜反忧，他说："得臣犹在，忧未歇也。困兽犹斗，况国相乎！"（"楚军虽败，主帅得臣尚在，哪里可以松口气啊！被围困的野兽还要作最后挣扎，更何况得臣是一国的宰相呢？"）

胥臣力谏保郤缺

◎有则改之，无则加勉。——《四书章句集注》

胥臣（生卒年不详），字季子，别称司空季子。胥臣于晋文公回国后被分封于臼，故又被称为臼季，晋将。早年曾追随重耳（即后来的晋文公）流亡，力劝重耳接纳秦穆公之女怀嬴。回国后任下军佐。城濮之战中以虎皮蒙马，率战车击溃陈蔡联军。后推荐贤臣郤缺。

郤芮是春秋时期晋国的大臣，晋惠公时为大夫。后来，他因反对晋文公归国而被杀。晋文公即位后，郤芮的儿子郤缺因是罪臣之子，不得入仕，躬耕于野。

晋国大夫胥臣知道郤缺是个有德有才之人，就在朝堂上向晋文公推荐了郤缺。

"这万万不可！"一位大臣反驳道，"郤缺是罪臣郤芮的儿子，怎么可以任用呢？"其他大臣也纷纷附和。

胥臣见殿上殿下都是一片摇头唏嘘，就正色道："父亲有罪，儿子就不能起用吗？大禹的父亲鲧有罪，舜帝惩罚了他，但舜帝还是起用了鲧的儿子，治水不是获得了成功吗？怎么能因为父亲获罪的缘故而埋没人才，贻误国家的大业呢？"

晋文公也担忧地说："郤芮有罪，国家惩治了他，他的儿子对此一定耿耿于怀，怎么能赤胆忠心为晋国效力呢？"

胥臣说："士为知己者死。郤芮有罪伏法，是罪有应得。大王您现在重用郤缺，正是表明君王善于选贤授能，不拘一格，就连罪臣的儿子都能重用，那么天下贤士怎能不策马扬鞭、踊跃前来投奔您呢？再说了，君王认为郤缺会因家仇废公，这也是没有根据的。管仲曾用箭射击齐桓公，按理说齐桓公抓住了他，应将他碎尸万段才是，可是齐桓公却不记前嫌，重用管仲做相国，最终令齐国称霸诸侯。"

晋文公说："管仲是天下奇才，郤缺能和管仲相提并论吗？"

胥臣说："郤缺也是个有高尚道德的人。以模范的德行治理百姓，百姓就会讲仁义、尊君王、听命令，一呼而百应，令必行，行必果。如果能这样，国家何愁不强大呢？"

胥臣的一番话说得大家都动了心。晋文公也羞赧地说："一叶障目，不见泰山。我险些因为世俗的偏见损失了贤才。"于是召见了郤缺，任命他为下军大夫。郤缺果然很有才能，为晋国的强盛发挥了很大的作用。

为了奖励胥臣荐才的功劳，晋文公把"先茅"之地赏给了胥臣。

◎故事感悟

胥臣对罪臣之子郤缺没有丝毫偏见，相反，他充分认识到了郤缺的德与才，并努力推荐。对于他人对郤缺的不信任，他据理力争，并以历史事实说明了必须宽以待人、大胆任用人才的道理。他的话有理有据，颇有说服人的力量。

◎史海撷英

郤缺主张德治

郤缺在职期间，积极主张德治。他认为，晋国既为诸侯的盟主，自身就要"务德"，对各诸侯国也要"示德"。不过，他的观点与后来儒家的德治主张并不相同。他认为，霸主之德包括两个方面的内容，即威与惠。诸侯国不服从霸主，必须以武力进行讨伐，示之以威；但诸侯国服从霸主，霸主就要多方怀柔，友好相待，示之以惠。

由此可以看出，郤缺是一位十分成熟的政治家。他的这种政治思想后来被法家用"刑赏二柄"来表述，秦汉以来的封建政治家则用"恩威并施"表达了同样的内涵。

◎文苑拾萃

成语"相敬如宾"

这个成语专用于形容夫妻关系，形容夫妻相互尊敬，如同对待客人一样。这个典故出于《左传》中郤缺的故事。

郤缺未被任用时，在田里除草，他的妻子把午饭送到田头，恭恭敬敬地双手把饭捧给丈夫，丈夫庄重地接过来，毕恭毕敬地答礼后再用饭。妻子在丈夫用饭时，恭敬地侍立在一旁等着他吃完，才收拾餐具辞别丈夫而去。

这个场景被胥臣看见了，胥臣认为郤缺是个有德之人，就力排众议，努力向晋文公推荐他。

时至今日，"相敬如宾"仍然是人们推崇的夫妻关系的最佳境界。

樊姬谏楚王

◎己虽有能，不自矜大，仍就不能之人求访能事。——唐·孔颖达

樊姬（生卒年不详），楚庄王的夫人。

樊姬是楚庄王的夫人。楚庄王登上王位之后，非常喜欢打猎。樊姬经常规劝楚庄王，可是楚庄王依然我行我素。于是，樊姬就拒绝食用禽兽肉。

此后，楚庄王逐渐改正了过错，处理政事也很勤敏。有一段时间，楚庄王上朝时，散朝都很晚，樊姬便下殿来迎接他，问："为什么散朝这么晚？应该饥饿疲倦了吧？"

楚庄王说："跟贤人在一起，就不知道饥饿疲倦了。"

樊姬问："大王所说的贤人是指的谁啊？"

楚庄王说："是虞丘子。"

樊姬听了，掩着嘴笑起来。楚庄王奇怪地问："你笑什么呢？"

樊姬说："虞丘子算得上是贤臣了，但不能说是忠臣。"

楚庄王问："为什么这样说呢？"

樊姬说："我伺候大王十一年了，曾派人到郑国、卫国寻求贤女献给大王。现在，比我贤良的有两个人，跟我并列的有七个人，我难道不想独占大王的爱宠吗？我听说堂上的女子多，就可以用来观察她们的才能，我不能固守私情蒙蔽国事，想让大王多见到一些人，了解别人的才能。我听说，虞丘子在担任楚国丞相的十余年间，推荐的不是自己的子弟就是同族的兄弟，没

有听说他推荐贤人斥退不贤的人，这样做其实是在蒙蔽国君而堵塞贤人的进身之路呀。知道贤人不推荐，这是不忠；不知道哪些人是贤人，这是不智。我笑这些，不也是适宜的吗？"楚庄王听后很高兴。

第二天，楚庄王就把樊姬的话告诉了虞丘子。虞丘子离开座位，不知道怎么回答，于是让出自己的房子，派人去迎接孙叔敖，把孙叔敖推荐给楚庄王。

楚庄王让孙叔敖担任令尹，治理楚国三年，后楚庄王得以成为霸主。

楚国史书这样记载："庄王成为霸主，是樊姬的功劳。"说的就是这些情况。

◎故事感悟

楚庄王能够有樊姬这位夫人，真是他的福分。樊姬不但贤惠，而且聪明，从以上事例可以看出，樊姬在历史上是一位不可多得的女人。楚庄王能够听从她的劝告，也是难能可贵的。

◎史海撷英

樊姬登正宫之位

楚庄王要从自己的妃子中选出一位正宫夫人，于是限令三天内每个妃子都要进献一份礼物，以最能迎合庄王的需要者中选。众妃都忙着筹办礼物，唯独樊姬毫无准备。

三天时间过去了，众妃子都争先恐后地献出自己的珍贵礼物，而樊姬却两手空空。庄王就问樊姬："你给我准备的礼物呢？"

樊姬说："大王，说实话吧！给您准备礼物的事，我想都没有想过。"

庄王很诧异，又问："难道你不想做我的正宫夫人吗？"

樊姬点头道："我想请大王听妾一言，您说过送礼物须是目前大王最需要的。大王眼前需要什么呢？除了立一位正宫夫人外，难道还有比这更重要的吗？"

楚庄王觉得她说得有理，就立了樊姬为正宫夫人。

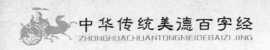

◎文苑拾萃

春秋战国门·樊姬

（唐）周昙

侧影频移未退朝，喜逢贤相日从高。

当时不有樊姬问，令尹何由进叔敖。

优孟哭马谏楚王

◎兼听则明，偏信则暗。——《资治通鉴》

> 　　优孟（生卒年不详），春秋时期楚国宫廷艺人。以优伶为业，名孟，故得名，荆州人。从小善辩，擅长表演，常谈笑讽谏时事。

　　楚庄王养了好多马，其中有一匹他最喜爱。他给这匹马穿上五彩缤纷的锦衣，把它养在富丽堂皇的屋子里，让它睡在有帷幕有绸被的床上，拿切好的枣干喂它。可惜，这匹马越来越肥，享了没多久福，就腿一蹬断了气。

　　这让楚庄王非常伤心，对大臣下令说："你们快去找天下最好的棺材把它装进去，外面还要套上一个好椁，而且要用大夫的礼仪埋葬它。"

　　大臣们劝谏道："大王，怎么可以把大夫的礼仪用在畜牲身上呢？"

　　楚王脸一沉，说："谁敢再来劝我不要厚葬马，我就杀死他！"大臣们一个个缩着脑袋，不再吭声了。这时，宫殿艺人优孟来到了宫殿门口，放声痛哭。楚庄王奇怪地问："你哭什么呀？"

　　"我哭马呀！"优孟边哭边说，"这匹马是大王您最心爱的。我们堂堂的楚国，有什么样的事办不到呢？只用大夫的礼仪来埋葬它，还是太亏待它了。我看应该用君王的礼仪埋葬它才对呀！"

　　庄王问："怎样用君王的礼仪来埋葬它？"

　　优孟答道："臣请求用雕刻花纹的玉做棺材，外面再套上文梓木做成的大椁。派士兵们挖大坑，叫百姓们运土。然后，让齐国和赵国的使节在前面陪祭，韩国和魏国的使节在后面护卫。安葬完毕之后，再为它建立祠庙，用猪、牛、羊各一千头的太牢礼来祭祀它，并且安排一个一万户的城邑进行供奉。诸侯各国如果听说大王这样厚待马匹，都会知道大王把人看得很低贱，却把马看得很重。"

楚庄王听到最后才明白，优孟哪里是哭马，而是用巧妙的语言来劝自己不要太看重马。他觉得自己错了，叹了口气说："难道我的过错竟是这样的严重吗？你觉得该怎样处置这匹马呢？"

优孟说："请大王把这匹马当作六畜来埋葬——在地上挖个土灶作为棺木的外套，用铜铸的大鼎作为棺木，用姜、枣、粳米为祭品，用大火把它煮熟煮烂，最后埋葬在人们的肚皮里。这就是最好的处置办法。"

楚庄王不想让天下人一直议论这件事，于是就让掌管膳食的官员处理了这匹马。

◎故事感悟

优孟劝君主，把真理发挥到了荒谬的地步，让楚庄王认识到了自己的错误，最终改正错误，没有酿成大错。

◎史海撷英

优孟巧助孙叔敖之子

楚国宰相孙叔敖去世后，他的儿子穷困潦倒，不得不靠给人背柴度日。优孟知道后，缝制了类似孙叔敖的衣服帽子，给自己穿戴上，来模仿孙叔敖的言谈举止。

楚庄王举行酒宴，优孟穿戴一番，上前敬酒祝寿。庄王大吃一惊，以为孙叔敖复活了，要任命他为宰相。优孟说："请允许我回去和妻子商量商量，三天以后再来就任宰相。"

三天以后，优孟来了。庄王问："你的妻子说了些什么呢？"

优孟答道:"我妻子说,楚国的宰相不值得做。孙叔敖身为宰相,忠诚廉洁,所以楚王才得以称霸。现在他死了,他儿子却连立锥之地都没有,穷得靠背柴维生。做官贪赃卑鄙的,自己死后家室虽然富足,但又怕家室也遭诛灭,贪官哪能做呢!想做个清官,奉公守法,尽忠职守,穷困潦倒,清官又哪能做呢!

庄王听了优孟的话,感到十分惭愧,便向优孟道歉,并马上召见孙叔敖的儿子,把寝丘的400户封给他,用来供奉孙叔敖,后来传了十代都没有断绝。

◎文苑拾萃

《史记》中的《滑稽列传》

"滑稽"一词出自《史记》。"滑"音同"骨",流利、润滑之意;"稽",停、留止之意。滑稽,形容圆转自如。滑稽者,思维敏捷,言辞流利,诙谐幽默,正话反说,反话正说,劝谏国君颇为见效。

淳于髡、优孟、优旃等是《滑稽列传》中的著名人物,作者说他们"不流世俗,不争势利",而"谈言微中,亦可以解纷"。

晏婴谏君有方

◎忧劳可以兴国，逸豫可以亡身。——欧阳修

> 齐庄公（？—前548年），姜姓，吕氏，名光。公元前553—前548年在位。本为齐灵公太子，但灵公却为了立宠姬所生的公子牙而派他出守即墨，并改立公子牙为太子，还为了除掉他而攻打鲁国。后来灵公病重，大夫崔杼、庆封等从即墨将他迎回，杀死公子牙母子，齐灵公闻变吐血而亡，太子光即位，是为庄公。

晏婴是春秋时期齐国的著名政治家，人们尊称他为晏子。

《晏婴春秋》一书里记载了近百个晏婴劝谏国君的故事，通过这些故事我们看到，他的智慧超群，语言也极有特色，或锋芒毕露，或非常含蓄；或严肃庄重，或滑稽幽默。他能够根据不同的环境场合采取不同的劝谏方式，都取得了最佳的效果。

一天，晏婴听说齐庄公在花园里与妃子们下棋，就去求见庄公。庄公见来了一位棋坛高手，就撇下妃子请晏婴与他对弈。

晏婴身任齐国相国，这次来见庄公，是有要事的。国君要他下棋，他只得按下话头不提，在棋盘上猛打猛冲起来，不一会儿工夫，就吃了庄公不少棋子。庄公沉着应战，慢慢地转败为胜，赢了晏婴一局。

庄公知道晏婴一向棋艺高超，今天为什么败得这么快呢？因此就问晏婴："相国文韬武略，满腹才学，帮助寡人治理国家都驾轻就熟，为什么这局棋下得如此糟糕呢？"

"臣有勇无谋，输给国君是情理中的事。"晏婴用手指着棋盘说，"下棋是

这样，管理国家也是这样，臣已经很难胜任相国的重任了。"

庄公吃了一惊，晏婴可是一位很有名望的重臣啊，今天为什么说出这样泄气的话来呢？猛然间，庄公觉得这是晏婴在委婉地批评自己偏爱勇力而不重视仁义的做法，脸上不由微微泛红。

这些年来，由于庄公偏护那些武将，使他们滋长了骄傲情绪，傲视百官。而一些有见识有作为的文臣却得不到重用，官风民风也日益败坏。不少大臣曾劝说过齐庄公，但他却怎么都听不进去。今天，晏婴的一句话倒使庄公警觉起来，他很想听听晏婴对重用武夫的看法，于是坦率地问道："请相国实话告诉我，古时候有没有哪一个国君单单依靠勇力能够安邦治国的呢？"

晏婴回答说："夏朝末年有大力士推侈、大戏，殷朝末年有勇士费仲、恶来，这些人都能日行千里、力擒虎豹，可他们却无力挽回夏桀、殷纣的灭亡。夏、商的覆灭告诉我们一个真理：光靠勇力而不讲仁义，没有一个不失败的。"

庄公仔细体会晏婴说的话，认为他说得很对，就恭恭敬敬地站起来，感谢晏婴的中肯批评，表示以后一定要重视仁义。

两人又重新下起棋来。这次晏婴不再是猛打硬冲，而是精心布局，进退有致，庄公很快就抵挡不住而节节后退。"同样一个晏婴，为什么两局棋的下法完全不一样呢？"庄公心里思忖着，猛然间，他终于悟出了其中的道理：这是晏婴用下棋来教育自己改正错误！

公元前522年，齐景公得了很严重的皮肤病，不久又转为疟疾，整整一年都没有痊愈，前来探视慰问的各国使者络绎不绝。齐景公的宠臣梁丘据等人说："这次国君得病，我们拿出最丰厚的祭品来祈求鬼神消灾免祸，可君主的病却是有增无减，这是负责祭祀、祷告的祝史们用心不诚所致啊。别国不了解情况，还以为我们祭品不丰、不敬鬼神呢！现在应该杀掉为首的祝史，也好对各国使者有个交代。"齐景公听后颇觉顺耳，就把这件事告诉了晏婴。

晏婴听完后，说："早年在宋国召开弭兵大会时，楚大夫屈建就曾向晋大夫赵武询问已故晋国名卿范会的德行。赵武答道：'范氏治家井井有条，为政不讲私情。他家的祝史祭祀时总是如实地向鬼神诉说，毫无愧怍之色。因为

家中没有彼此猜疑之事，祝史也从不向神灵诉求什么。'屈建就把这番话告诉了楚康王，楚康王慨叹地说：'范会治家理政使神人无怨，他能辅佐国君称霸诸侯真是理所应当啊！'"

景公迷惑不解地说："现在正谈想杀祝史的事，你怎么扯得那么远呢？"

晏婴回答："一个有德之君，国事、家事俱不荒废，鬼神、人民都无怨声，一举一动不违礼制，这样祝史言辞诚信，无愧于神灵，国家也会因此而得到福祉。但是在昏君那里，内外邪僻，上下怨恨；沉迷声色，放纵私欲；摧残民力，聚敛不休；暴虐成性，肆无忌惮；不顾谤言，一意孤行。这时，如果祝史如实地告知鬼神，就等于是暴露国君的罪行；可如果隐恶称善，那就是欺骗神灵。祝史们进退维谷，左右两难，只好虚言媚神，于是鬼神降祸，国无宁日。刚才我举范会'神人无怨'的事例，就是想说明道理比祝祷更为重要啊！"

景公又问："那么应该怎样做？"

晏婴说："不可滥杀祝史。看看当今齐国的状况吧：山林湖泽之利都被官府垄断；境内关卡重重，关吏肆意盘剥；世袭贵族，强购民物，大兴土木，丧尽廉耻；国家政令无常，横征暴敛；宫中妻妾，恃宠跋扈，巧取豪夺于商市；左右小臣，狐假虎威，发号施令于边。百姓痛苦万状，无不诅咒国君。祝祷如果有益，诅咒岂能无损？在齐国这块辽阔的土地上，诅咒者该有多少？宫中几个祝史再有本领，怎敌得过这么多人的诅咒？国君还是缓杀祝史，赶紧勤俭治国吧！"

齐景公听后心悦诚服，便下令取消山泽之禁和关税，减轻百姓的负担。

◎故事感悟

　　齐庄公任用武夫，不重仁义，晏婴以下棋为喻，说明只用武力、不施仁义会招致失败。晏婴没有直接批驳齐景公，而是用逻辑上的归谬法把他的错误归入极端，使齐景公省悟自己的错误并加以改正，在幽默中含有机智。晏婴的故事说明，巧妙的说理方式比直接的说教更有力量，更能让人愉快地接受。

◎史海撷英

齐晋投壶

公元前530年，齐景公亲自到晋国，向刚刚即位的晋昭公祝贺。

在举行宴会的过程中，晋、齐的两位国君玩投壶的游戏。齐景公让晋昭公先投，晋国中行吴替昭公祝愿说："我们有酒像淮河水一样多，我们有肉像水中高地一样丰富，我们晋君投中了，晋国就可以做统帅。"晋昭公一下子投中了，于是晋国的臣子们一片欢呼。

这投壶本来是个游戏，而晋国却用它来作为争霸的筹码，想以此来压住齐国。这时，齐景公拿过投箭，也祝愿说："我有酒像渑水一样多，我有肉像山岭一样丰富，我投中了这支箭，代替晋君而强盛。"说完，一下投去，也投中了。

在这次宴会中，齐景公在象征性的较量上不甘心屈于晋国，这也正是他的政治抱负的体现。

◎文苑拾萃

成语"螳臂当车"

意思是螳螂举起前腿想挡住前进的车子。比喻不自量力或抗拒不可抗拒的强大力量必然导致失败。

《庄子·人间世》中曾说："汝不知夫螳螂乎，怒其臂以当车辙，不知其不胜任也。"

但在齐庄公的故事里，"螳臂当车"却是另外一个意思。有一次，齐庄公出门打猎，有一只螳螂举起脚，准备和他的马车轮子搏斗。庄公问他的车夫："这是什么虫子啊？"车夫说："这是螳螂。它只知道进不知道退，不估计一下力量对比就轻率和敌方对阵。"庄公说："这虫子要是人，必定是天下勇士啊。"于是让车夫绕道避开了它。这件事传开后，很多勇士都前来投奔齐庄公。

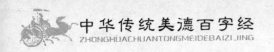

优莫反语劝赵襄子

◎虑壅蔽，则思虚心以纳下。——《谏太宗十思疏》

> 赵襄子（?—前425年），名赵毋恤。战国时期赵国的创始人。他出生于五霸称雄的春秋末期，卒于诸侯兼并的战国早期。在位33年（公元前457—前425年），卒谥襄，史称赵襄子。

春秋末期，晋国的三家权臣赵、韩、魏联合起来，灭亡了国内最为强大的智氏。从此，晋国为三家所瓜分。

赵氏家主是赵襄子，他实现了父亲赵简子的遗愿，志满意得。他喜欢举行长夜饮，有一次，竟然连续五天五夜不停歇。他一边频频举杯痛饮，一边还洋洋得意地对左右的人说："你们看，我确实是国中了不起的人物，我的酒量还真不错，一连饮酒五天五夜，却一点儿也没有醉！"

"主公豪饮，无人可及！"

"主公海量，旷古绝今！"

左右的人纷纷围拢上去，竖起大拇指，赞叹不已。

"哈哈哈！"赵襄子愈发感到飘飘然，眯着眼，又擎起了酒杯。

"不错，在当今，主公算是善饮的了。"站在旁边的一个伶人，名叫优莫，他慢悠悠地说道，"不过，依我看，主公还得再加一把劲呢。"

"为什么？"赵襄子有点莫名其妙。

"主公可曾听说过商纣王饮酒？"

"商纣王饮酒怎么样？"

"商纣王饮酒,以酒为池,悬肉为林,可真有气势;他举行长夜之饮,曾经连续不断地饮了七天七夜。大人您看,比起商纣王来,您岂不是还少了整整两天?"

赵襄子听了优莫的话,不禁浑身直冒冷汗,人也不觉清醒了一些,于是问道:"依你这么说,我是不是会像商纣王一样灭亡?"

"不会的,不会的,这个主公倒是尽可放心。"群臣纷纷发言。

优莫的回答出乎赵襄子意料之外,他问道:"只差两天就赶上纣王,不亡国还等到什么时候呢?"

优莫说:"那夏桀与商纣之所以会灭亡,是因为他们分别遇到了商汤、周武。当今各国的国君,一个个都像夏桀,而主公您现在像纣王,这样看来,就是夏桀与商纣并存于世,那怎么会灭亡呢?"顿了顿,优莫又说,"不过,这样也是很危险的了!"

听了优莫这一番话,赵襄子神色凝然,不觉慢慢放下杯子,停止了饮酒。

◎故事感悟

优莫不从正面劝谏赵襄子,而是妙语反讽,不仅批评赵襄子,而且还谴责了那些骄奢淫逸、互相征伐、残民以逞的诸侯。桀、纣并存虽不能互相消灭,但因他们都是桀、纣一类的君王,终有一天要被消灭的。并不昏庸的赵襄子知道自己如不改正,祸乱将发生,将会像纣王一样自取灭亡,于是,他终于接受了优莫的讽谏。

◎史海撷英

赵襄子勤奋有成

赵襄子为赵鞅(即赵简子)的儿子,因母亲是从妾,所以他地位很低。但他从小就敏而好学,胆识过人。

有一天,赵鞅将训诫之词书于若干竹板上,分授诸子,要求他们认真习读,领悟其要旨，并告诉他们三年之后要逐一考查。然而，在考查时，他的儿子们，甚至连太子伯鲁，也都背诵不出，以至连竹板也不知遗失到何处了。只有赵襄子对竹板上的训诫背诵如流，而且始终都将竹板携藏于身，经常检点自己。于是，赵鞅开始重视赵襄子。

几年后，赵鞅召见儿子们，对他们说："我将一个宝符藏在常山（今北岳恒山，在山西浑源县境内）之上，你们去寻找吧，先得者有赏。"于是，诸子乘骑前往。但他们谁也没有找到宝符，只有赵襄子说："我得到了宝符。凭常山之险攻代，代国即可归赵所有。"

赵鞅听罢，非常高兴，顿时觉得只有赵襄子才明白自己的良苦用心，是赵氏大业难得的继承人。于是废掉了太子赵伯鲁，破例立赵襄子为太子。

◎文苑拾萃

赵氏孤儿

晋景公三年（公元前597年），担任司寇的大夫屠岸贾图谋造反，决定首先消灭赵氏的势力，以控制晋国的政权。于是，屠岸贾借口赵穿（赵盾的族弟）曾刺杀晋灵公，其责任在于赵盾，便背着晋景公擅自发兵攻打赵氏，诛杀了赵朔、赵同、赵括、赵婴齐等人，灭了赵氏全族。

赵朔的妻子当时正怀有身孕，逃到王宫躲避，不久后生下一个男孩。这就是历史上有名的赵氏孤儿——赵武。

后来，孤儿终于被赵朔的门客公孙杵臼和赵朔的朋友程婴辗转救出宫去。为此，公孙杵臼还献出了自己的生命，程婴则带着孤儿藏匿到山中。

15年后，在年高望重的晋大夫韩厥等人的努力下，晋景公为赵氏昭雪，平反了冤狱，发兵攻灭了屠岸贾，并尽灭其族，立赵武为大夫，恢复了赵氏的土地封邑。

苏代巧喻止干戈

◎闲时故把忠臣慢，差时不听忠臣谏。——《宋史》

> 苏代（生卒年不详），战国时纵横家。东周洛阳人，苏秦族弟。初事燕王哙，又事齐愍王。还燕，遇子之之乱，复至齐、至宋，燕昭王召为上卿。

苏代是战国时期名士苏秦的弟弟，也是一位著名的纵横家。

有一次，赵惠文王要攻打燕国，燕王就让苏代去劝阻赵王。苏代知道，如果发生战争，对赵、燕两国都没有好处，于是决心劝阻赵惠文王改变这个主意。

见到赵惠文王后，苏代先不提战争的事，却对赵惠王说了一件他在易水河边看到一件新鲜事：

有一只很大的河蚌，正张着壳在河边晒太阳，柔和的阳光照在它白嫩的肉上，真是舒服极了。可是，从河蚌的后面偷偷地走来一只精瘦的鹬鸟。它这时十分饥饿，举起尖利的长嘴巴，向河蚌露出壳外的鲜嫩的肉一口啄了过去。

河蚌受到突然袭击，急忙夹紧坚硬的外壳，把鹬鸟的长嘴巴牢牢地夹住了。

鹬鸟做了一番挣扎后，一点用都没有，河蚌的硬壳越夹越紧，于是恨恨地想："河蚌呀河蚌，你不要这样凶狠，如果今天不下雨，明天不下雨，你不是要干死渴死吗？我就等着吃你的死蚌肉了！"

河蚌的那一块嫩肉依然在鹬鸟的长嘴巴里，十分疼痛，可它也不甘服输嘲笑鹬鸟说："你要吃我的肉，我就要你的命！今天不放你，明天不放你，你也非干死饿死不可！"

它们两个吵个不停，谁也不肯让步。

就在这时，有个渔夫远远地看见了这边的动静，就疾步跑过来，伸手把它们两个都逮住了，放进了鱼篓。鹬鸟和河蚌成了渔夫的囊中物，后悔也来不及了。

赵惠文王听了这个故事后，觉得很有意思。苏代趁机转入正题，说："我听说大王要出兵攻燕。燕赵两国国力相当，赵国在几年内不可能把燕国打败，势必长期相持下去。强大的秦国看见燕、赵都疲惫不堪，一定会像易水边的渔夫那样趁机从中渔利。这对赵国又有什么好处呢？所以，发兵攻燕的事还请三思而行啊！"

赵惠文王恍然大悟，恳切地说："我们不能做鹬和蚌那样的傻事，而让秦国得利。出兵燕国的事以后就别提了！"

◎故事感悟

在列国纷争的形势下，纵横家们能够纵横捭阖，说服人主，全靠对天下形势的精确分析和高超的语言艺术。在这个故事中，苏代没有直接劝阻赵王进攻燕国，而是用"鹬蚌相争，渔翁得利"的故事，形象、生动地说明了赵、燕相争秦国必然得利的道理，比喻之巧妙令人赞叹，难怪会说服强势的赵惠文王。

◎史海撷英

苏代妙计救西周

春秋时期，楚国攻打韩国的雍氏（地名），韩国便向西周调兵征粮，这让周天子感到很苦恼。苏代说："臣能替大王解决这个难题，而且臣不但能使韩国不向西周调兵征粮，还能让大王得到韩国的高都。"

于是，苏代前往韩国，拜见相国公仲侈说："楚将昭应曾对楚怀王说：'韩国因连年征战，没有力量固守城池。如果我军攻打韩国的雍氏，用不了一个月就可以拿下。'如今楚国围雍氏已有五个月，可仍然没能攻下，这证明楚国已经疲惫不堪，而楚王也开始怀疑昭应的说法了。现在，相国竟然向西周调兵征粮，这不就明明在告诉楚国，韩国已经精疲力竭了吗？昭应知道后，一定会请楚王增兵包围雍氏的，雍氏就更守不住了。相国为什么不把高都送给西周呢？"

公仲侈很生气地说："我不向西周调兵征粮已经够好的了，凭什么还要把高都送给西周呢？"

苏代说："如果相国把高都送给西周，那么西周一定会与韩国交好。只要用一个贫困的高都，就能换一个完整的西周，相国为什么不愿意呢？"

公仲侈照办了，楚国无奈，只好退兵而去。

◎文苑拾萃

经苏秦墓

（唐）贾岛

沙埋古篆折碑文，六国兴亡事系君。
今日凄凉无处说，乱山秋尽有寒云。

淳于髡诚谏齐威王

◎进谏为公，纳言为民。——格言

淳于髡（约公元前386—前310年），战国时期齐国（今山东省龙口市）人。齐国赘婿，齐威王用为客卿。淳于髡以博学多才、善于辩论著称，是稷下学宫中最具有影响的学者之一。他长期活跃在齐国的政治和学术领域，上说下教，不治而议论，曾对齐国新兴封建制度的巩固和发展，对齐国的振兴与强盛，对威、宣之际稷下之学的发展，做出了重要的贡献。

战国时期，淳于髡是齐国的一个入赘女婿。他身高不足七尺，但言语能力十分强，能言善辩。每次出使其他国家时，都从来没有受过羞辱。下面两个故事，说的是他向齐威王进谏的故事。

齐威王在位期间，很喜欢说隐语，又喜欢彻夜宴饮，逸乐无度，陶醉于饮酒之中，把政事委托给卿大夫。结果文武百官荒淫放纵，各国都来侵犯，国家危在旦夕。齐王身边的近臣都不敢进谏，于是，淳于髡就用隐语来规劝讽谏齐威王。

他对齐威王说："都城中有一只大鸟，落在了大王的庭院里，三年不飞又不叫，大王知道这只鸟是怎么一回事吗？"

齐威王说："这只鸟不飞则已，一飞就直冲云霄；不叫则已，一叫就使人惊异。"

于是，齐威王就诏令全国72个县的长官全都入朝奏事，奖赏一人，诛杀一人；又发兵御敌，诸侯十分惊恐，都把侵占的土地归还齐国。齐国的声威从此竟然维持长达36年。

成语"一鸣惊人"的典故，就出自齐威王的这句话，"王曰：此鸟不蜚则已，一蜚冲天；不鸣则已，一鸣惊人。"

公元前371年，楚国侵犯齐境。齐王派淳于髡出使赵国，请求赵国派兵救援，并让他携带礼物黄金百斤，驷马车十辆。淳于髡仰天大笑，将系帽子的带子都笑断了。

威王说："先生是嫌礼物太少么？"

淳于髡说："怎么敢嫌少！"

威王说："那你笑，难道有什么说词吗？"

淳于髡说："今天我从东边来时，看到路旁有个祈祷田神的人，拿着一个猪蹄、一杯酒，祈祷说：'高地上收获的谷物盛满篝笼，低田里收获的庄稼装满车辆；五谷繁茂丰熟，米粮堆积满仓。'我看见他拿的祭品很少，而所祈求的东西太多，所以笑他。"

于是，齐威王又把礼物增加到黄金千镒、白璧十对、驷马车百辆。淳于髡告辞起行，来到赵国。赵王拨给他10万精兵、1000辆裹有皮革的战车。楚国听到这个消息后，连夜退兵而去了。

齐威王非常高兴，在后宫设置酒肴，召见淳于髡，赐他酒喝。齐威王问他说："先生喝多少酒才醉？"

淳于髡回答说："我喝一斗酒能醉，喝一石酒也能醉。"

齐威王说："先生喝一斗就醉了，怎么还能喝一石呢？能把这个道理说给我听听吗？"

淳于髡说："大王当面赏酒给我，执法官站在旁边，御史站在背后，我心惊胆战，低头伏地地喝，肯定喝不了一斗就醉倒了；如果父母有尊贵的客人来家，我卷起袖子，躬着身子，奉酒敬客，客人不时赏我残酒，屡次举杯敬酒应酬，我喝不到两斗就醉倒了；如果朋友间交游，好久没见面，忽然间相见了，高兴地叙叙旧，倾吐衷肠，大约喝五六斗就醉倒了；至于乡里之间的聚会，男女杂坐，彼此敬酒，没有时间限制，又作六博、投壶一类的游戏，呼朋唤友，相邀成对，握手言欢不受处罚，眉目传情不遭禁止，面前有落下的耳环，背后有丢掉的发簪，在这种时候，我最开心，就是喝上八斗酒，也不过才两三分的醉意。天黑了，酒也快完了，把残余的酒并到一起，大家促膝而坐，男女同席，鞋子木屐混杂在一起，杯盘杂乱不堪，堂屋里的蜡烛已经熄灭，主人单留住我，而把别的客人送走，绫罗短袄的衣襟已经解开，略略闻到阵阵香味，这时我心里最为高兴，能喝下一石酒。所以说，酒喝得过多就容易出乱子，欢乐到极点就会发生悲痛之事。所有的事情都是如此啊。"

淳于髡这番话的意思是说，无论做什么事情，都不可走极端，到了极端就会衰败。威王听了淳于髡的话，连说："好，好。"于是，齐威王就停止了彻夜欢饮之事，并任用淳于髡为接待诸侯宾客的宾礼官。齐王宗室设置酒宴，淳于髡常常作陪。

成语"乐极则悲"就出自淳于髡这句话："故曰酒极则乱，乐极则悲。万事尽然，言不可极，极之而衰。"

◎故事感悟

淳于髡以婉转的方式巧妙地进谏齐威王，使齐威王接受了他的建议。进谏最好避免开门见山，同时更要杜绝高高在上的姿态，要于进谏前深思熟虑，要于进谏时循循善诱，要于进谏后不居功自傲，将成功归功于君主的贤明。

◎史海撷英

淳于髡献鹄

有一次，齐威王派淳于髡出使楚国，并特意带去一只鹄作为赠送楚王的礼物。谁知刚一出城门，这只鹄就飞走了。于是，淳于髡便托着空鸟笼去拜见楚王，说："齐王派我来向大王献鹄，我从水上经过，不忍心鸟儿饥渴，就放它出来喝水，谁知它竟离开我飞走了。我想要刺腹或勒颈而死，又担心别人非议大王因鸟兽而致使士人自杀。鹄是羽毛类的动物，相似的很多，我想买一个相似的鸟儿来代替，可这是在欺骗大王，我又不愿做。我想要逃到别的国家去，又担心齐、楚两国君主之间的通使由此而断绝。所以，我就来领罪，向大王叩头，请求责罚。"

　　结果，楚王不仅没有怪罪淳于髡，反而赞赏道："很好啊，齐王竟有这样忠信的人。"并且用厚礼赏赐淳于髡，财物比献鹄还要多一倍。

◎文苑拾萃

题淳于髡墓

（唐）刘禹锡

生为齐赘婿，死作楚先贤。

应以客卿葬，故临官道边。

寓言本多兴，放意能合权。

我有一石酒，置君坟树前。

魏加以惊鸟喻人

◎将拒谏则英雄散，策不从则谋士叛。——黄石公

> 春申君（公元前320—前238年），嬴姓，黄氏，名歇。战国时期楚国公室大臣，是著名的政治家、军事家。与魏国信陵君魏无忌、赵国平原君赵胜、齐国孟尝君田文并称为"战国四公子"。黄歇游学博闻、善辩。楚考烈王元年（公元前262年），黄歇为相，封为春申君。赐淮北地12县。

战国时期，赵、楚、燕、齐、魏、韩六国联合对抗秦国。有一次，赵国派魏加到楚国去会见春申君黄歇，商谈有关军事联盟的事。

见到春申君后，魏加便问道："您有领兵的将军吗？"

春申君答道："我准备叫临武君担任主将。"

魏加想："临武君跟秦国交战时，吃过大败仗，对秦国心存畏惧，怎么能当主将呢？"他本来想直言相告，可又怕春申君不听他的意见，于是话到嘴边又咽了回去。他思索了一下，便将话题岔到别处去了，说："我年轻时很爱射箭，我来讲一个关于射箭的故事吧。"

春申君兴致勃勃地说："好啊，你讲吧。"

于是，魏加讲了起来：

从前，魏国有个著名的射手名叫更羸，他的箭术简直就是百发百中。

有一天，更羸和魏王在京台下散步，忽然看到一只大雁从东方飞了过来。更羸就对魏王说："大王，我只要空拉一下弓，不用箭，就能使那只大雁跌落下来。"

魏王不信，说："开玩笑！射箭技术再怎么高超，不搭箭空拉弓弦还不是白搭？"

更赢说："我怎敢跟大王戏言？大王您看——"

正说着，那只雁飞到头顶上。更赢马上拉开弓，却并不搭箭，只听得一声弦响，那只大雁果然应声落地了。

魏王一阵惊叹。

更赢捡起大雁，说："其实，这雁曾受过箭伤。"

"先生怎么知道呢？"

"这只雁飞得很慢，叫声很凄惨，这就说明它受过伤；叫得凄惨，说明它和雁群失散很久。创伤还没有痊愈，惊心还没有平息，所以，这只惊弓之鸟一听到弓弦响，就吓得往高空飞。结果伤口破裂，支持不住，当然就掉下来了。"

魏加讲完故事，又说："临武君也是惊弓之鸟，他是被秦国的弓所伤的。所以请他做抗秦主将的事儿，还请您重新考虑。"

春申君听了魏加的巧妙劝告，觉得很有道理，点头说："先生说得很对，我一定好好考虑考虑。"

◎故事感悟

打过败仗的人，面对曾经的对手，难免会产生畏惧心理，作为贵公子的春申君未必能深刻领会这个道理。所以，魏加巧妙地以当时人都熟识的射猎为喻，证明了有畏惧心理的人不可担当大任的道理。

◎史海撷英

春申君援赵灭鲁

公元前260年，赵国在与秦国进行的长平之战中，中了秦国的反间计，用"纸上谈兵"的赵括取代了老将廉颇，结果大败，40多万士兵被秦国坑杀。

公元前257年，秦国军队包围了赵国的都城邯郸，赵国的形势十分危急，赵国的丞相平原君赵胜便到楚国去请求救援。楚考烈王派遣春申君领兵救援赵国。与此同时，魏国也派出信陵君魏无忌救援赵国。在楚、魏、赵三国的联合下，一举击溃了秦国，解除了邯郸之围。

公元前256年，楚考烈王派遣春申君北征讨伐鲁国，次年黄歇灭掉了鲁国，任命荀况为兰陵（今山东苍山）县令。通过援赵灭鲁，春申君在诸侯中的威望大增。

◎文苑拾萃

春申君祠

（唐）张继

春申祠宇空山里，古柏阴阴石泉水。
日暮江南无主人，弥令过客思公子。
萧条寒景傍山村，寂寞谁知楚相尊。
当时珠履三千客，赵使怀惭不敢言。

季梁劝君息战

◎开收谏之路，纳逆己之言。——傅玄

> 季梁（生卒年不详），战国后期魏国大夫。
>
> 魏安釐王（？—前243年），姬姓，魏氏，名圉。魏国第六代国君，魏昭王之子。公元前276—前243年在位。

战国时代，实力强大的诸侯国总想称霸天下。战国后期，魏国国力渐衰，可是国君魏安釐王仍想出兵攻伐赵国，让赵国向自己臣服。魏国的大臣季梁正在国外办事，听到这个消息，焦急万分。他日夜兼程，向魏国的都城赶去。无论刮风下雨，还是烈日高照，他都不敢停下步伐。他必须赶在魏王发兵之前回到魏国，劝阻魏王不要做这种蠢事。

他回到魏国都城，一打听，才知道许多大臣都反对攻赵这件事，只是无法说服魏王。大臣们都在摇头叹气，他们提醒季梁说："这么多人都没有办法改变大王的主意，你何必去自讨苦吃呢？"

季梁早把个人得失甚至生命安危置之脑后，他直向王宫奔去。魏王看见季梁大汗淋漓地走进宫中，以为外面发生了什么重大的事情，就让他静下心来慢慢地说。

"我这次外出遇见一个很奇怪的人。"季梁告诉魏王说。

"这个人怪在什么地方呢？"魏王这几天被大臣们反对发兵攻打赵国的事搅得晕头转向，听说季梁遇到了怪人，感到很新鲜，催着季梁说下去。

"事情是这样的。"季梁接着说，"我在路上碰到一个坐在马车上的人，正往北方赶路，我问他到哪里去，他回答说要到楚国去。我说：'楚国在南方，你怎么往北走呢？'他不以为然地说：'你不用担心，我的马跑得快极了。'我又劝告他说：'马跑得快又有什么用呢？你把方向搞反了！'他依然十分自信，说：'你瞎嚷嚷什么呀？我有很充足的路费，我的车夫有很娴熟的驾驭技术，何愁走不到楚国呢？'我知道，我再劝也没用，便叹了口气说：'可惜你没把好车好马用好，你这样走下去，离楚国不是越来越远了吗？'那个人不再答话，驾着车还是向北方飞驰而去。"

"真是一个怪人！"魏王感慨地说。

"这个人能不能走到楚国，这不用我们担心。"季梁不失时机地转换了话题，"如今，大王要发兵攻打赵国，直接关系到我们魏国的成败得失。大王依仗地域辽阔，兵精粮足，就无缘无故地去攻打赵国，借以扩张魏国的领土，成就霸主之业。可是，这样不明智的行动必然遭到赵国和天下人的强烈反对，那么，大王要做天下霸主又怎能够得到呢？这种举动越多，离大王的目的就越远，这同要到楚国去却驾车向北走的那个人又有什么不同呢？"

魏王听了季梁的话，没有再像以前那样大发雷霆，而是夸奖季梁说得有道理，当即取消了攻打赵国的计划。

◎故事感悟

魏王只想以武力称霸天下，却没有认识到不行仁义、四处树敌只能使自己更加孤立。季梁以"南辕北辙"为喻，说明滥用武力会离一统天下的目标越来越远。他讲的故事简练、生动，喻义鲜明，很自然地使魏王认识到了自己的错误。这说明把握住事情的本质，巧妙比喻会收到很好的效果。

◎史海撷英

魏安釐王不念旧恶

公元前257年，信陵君盗取了魏安釐王的兵符，假传君令击杀晋鄙，率军救了赵国。他知道，这件事一定会让安釐王很恼怒，所以便让将领们率军返回了魏国，而自己和门客们则留在了赵国。

公元前247年，恢复了元气的秦国开始大举进攻魏国，魏安釐王为此焦虑不安，就派使者去请信陵君回国，任命信陵君为上将军，于是，信陵君派使者向各国求援，各国都纷纷派兵救魏。信陵君率领五国联军，在黄河以南大败秦军，使秦国将领蒙骜战败而逃。联军乘胜攻至函谷关，秦军紧闭关门，不敢再出关。这次合纵攻秦的胜利，使信陵君的声威大震。

◎文苑拾萃

战国吟

（宋）邵雍

七国之时尚战争，威强智诈一齐行。

廉颇白起善用兵，苏秦张仪善纵横。

朝为布衣暮衣卿，昨日鼎食今鼎烹。

范雎谢相何心情，蔡泽入秦何依凭。

始皇奋袂天下宁，二世乞为氓不能。

三千宾客愤未平，百二山河汉已兴。

所存旧物惟空名，残阳衰草山川形。

都似一场春梦过，自余恶足语威狞。

李斯的《谏逐客书》

◎怨不在大，可畏惟人，载舟覆舟，所宜深慎。——魏征

李斯（公元前280—208年），字通古。战国末年楚国上蔡（今河南上蔡西南）人。早年为郡小吏，入秦后受重用，在秦王政统一六国的事业中起了较大作用。秦统一天下后，与王绾、冯劫议定尊秦王政为皇帝，并制定有关的礼仪制度，被任为丞相。他建议拆除郡县城墙，销毁民间的兵器，以加强对人民的统治；反对分封制，坚持郡县制；又主张焚烧民间收藏的《诗》《书》及百家著作，禁止私学，以加强专制主义中央集权的统治。秦始皇死后，他与赵高合谋，伪造遗诏，迫令始皇长子扶苏自杀，立少子胡亥为二世皇帝。后为赵高所忌，于秦二世二年（公元前208年）被腰斩于咸阳闹市。

李斯是楚国人，年幼时跟随荀子学习，学成后他认为楚王不足以成就事业，便决心到西方秦国。

他到秦国后正遇上秦庄襄王去世，秦王嬴政即位，李斯当了秦相国吕不韦的食客。吕不韦赏识他，任他为郎官，他因此得到游说秦王的机会。秦王被他的游说打动，任命他做了长史（丞相的属官），并听从了他的计策，派遣谋士带着金玉到各地游说诸侯，各国内凡可以用财帛收买的就用厚礼暗中拉拢他，那些不肯被收买的就用利剑暗杀他。用计离间各国的君臣之后，秦王就用兵马良将去攻取它。很快，李斯在秦国的地位高了起来。

这时，有个叫郑国的韩国人来到秦国做间谍，他鼓动秦国开渠灌溉，消耗秦国的财力物力，以使秦国不去进攻韩国。不久，郑国的计谋被发觉，秦国的宗室大臣于是借机向秦王上书说："诸侯国凡来秦国做官的，大多是为他

们的国君来游说秦国，或实为间谍。请大王把各国来的客卿全部逐出秦境。"

李斯也在要被驱逐的客卿之列，于是李斯向秦王上了一本奏折，上面写道：

"我听说大臣们议论要驱逐客卿，我私下以为是错误的。从前秦穆公求贤士，从西戎得到由余，从东面宛地得到百里奚，从宋国迎来蹇叔，从晋国招来了丕豹和公孙支。此五位贤才都不是秦国人，然而穆公重用他们，于是兼并20个诸侯国，秦在西方强大起来。秦孝公采用卫人商鞅的变法主张，改变旧俗，民富国强，百姓乐用，诸侯臣服，俘获楚、魏军队，攻地千里，国家至今仍强盛。秦惠王用魏人张仪之计，攻占三川，西并巴、蜀，北收上郡，南取汉中，吞并九夷，控制鄢、郢，东占成皋险要之地，占据了肥沃的良田，瓦解了六国的合纵联盟，迫使他们向西臣服秦国，功绩延续到今天。秦昭王得到范雎，罢免丞相穰侯，驱逐了华阳君，强化公室，杜塞私门，蚕食诸侯，成就了秦的帝业。这四位国君都是借助客卿的功劳而成就大业。由此看来，客卿有什么对不起秦国的地方？当初，如果这四个国君拒绝客卿而不接纳他们，疏远贤才而不重用他们，就不会使国家富裕、强大。

"现在陛下有昆山之玉、隋侯之宝、和氏之璧，佩着明玉之珠，悬着太阿之剑，骑着纤离之马，树立的是翠凤之旗，摆设的是灵鼍之鼓，这些宝物没有一样产于秦国，可陛下喜欢，为什么选用人才不能这样呢？倘若一定要秦国出产的东西才可以使用，那么就使夜光玉璧不能装饰宫廷，犀角、象牙制成的器具不能作为玩物，郑、魏之地的美女不能进入后宫，而騕褭好马不能充实宫外的马圈，江南的金锡不能使用，西蜀的丹青不能绘画。倘若用来装饰后宫、充任堂下、赏心快意、怡目悦耳的一切，必须是出产于秦国的才可以用的话，那么用宛珠装饰的簪子、缀有珠玑的耳饰、细缯素绢的衣裳、织锦刺绣的服饰就不能进呈到大王面前，而时髦优雅、艳丽多姿的赵国女子就不能侍立在身旁。那击瓮敲缶，弹筝拍腿，同时歌唱呼喊发出呜呜之声来快活耳朵听觉的，才是真正地道秦国的声乐，而郑卫之地的民间俗乐、《昭》、《虞》、《武》、《象》之类，则是异国他邦的音乐。现在舍弃击瓮敲缶而追求郑国卫国的音乐，撤下敲击瓦器的音乐而采取《昭》、《虞》之乐，像这样做为什么呢？只不过是图眼前称心如意，适合观赏罢了。现在用人却不这样，不问青红皂白，不论是非曲直，不是秦人就得离去，是客卿就得驱逐。这样做，所重的是女色、声乐、珍珠、美玉，而所轻的是人啊。这不是统一天下、制服诸侯所应采纳的方略啊！

"我听说土地辽阔，粮食就富足；国家强大，人口就众多；军队强大，士兵就勇敢。泰山不舍弃微小的泥土，就能成就它的高大；河海不舍弃细小的溪流，就能造就它的深广；国君不拒绝百姓的归附，所以能显示他的高尚品德。因此，地不分南北东西，人不分本国他乡，一年四季风调雨顺，鬼神降福，这就是三皇五帝无敌于天下的原因。现在您却抛弃老百姓去资助敌国，驱走客卿而去帮助诸侯各国成就功业，使天下的贤才退避而不敢向西走，停住脚步不敢进入秦国，这种做法就是人们所说的'借武器给敌寇，送粮食给盗贼'啊。

"物产不产于秦国，值得珍爱的很多；贤才不出生于秦国，而愿意效忠的也很多。现在陛下驱逐客卿去资助敌国，减少本国人民去增强敌人的力量，在国内使自己虚弱，在国外与各诸侯国结成怨仇。这样做，要想使国家没有危险，是根本办不到的。"

秦王看到李斯的上书后，幡然悔悟，从国家大局出发，废除了驱逐客卿的命令，恢复了李斯的官职，后来又调升他当廷尉（秦国掌刑狱的最高官吏）。李斯辅佐秦王共20多年，秦终于统一了天下。

◎故事感悟

"千古一帝"秦始皇，曾做过许多残暴不仁、致使民不聊生的事。然而，在这个具有雄才大略的人物身上，也有许多中华民族的传统美德。"闻谏留客卿"的故事，即表现了他从善如流的美德。李斯的这篇奏疏也值得人们称道。在这篇谏疏中，李斯广征博引，慷慨陈辞，先列举秦王先人重用客卿，使秦国由小到大、由弱变强的事实，接着指责秦王重视利用他国出产的物品而不重视利用他国人才的错误，然后陈述拒绝人才的危害。整篇谏疏说理透彻充分，也自然打动了秦王的心。

◎史海撷英

书同文，车同轨

"书同文，车同轨"一语出自《礼记·中庸》。

公元前221年，秦始皇统一六国后，采取了"书同文，车同轨"的治国措施，统一了六国的货币、文字、度量衡等，甚至规定了造车、制造兵器、采矿、耕种的标准，从而使中国的各个民族进一步融合，促进了各地的经济、文化发展和相互之间的交流，有利于社会的进步和发展。

◎文苑拾萃

大父令赋捕鱼

（宋）苏籀

寒鱼不乐水，遇汕辄来依。

溪边蓑笠翁，智深鱼莫知。

网罟既不设，钓竿亦罢携。

萧然徒手来，一一收无遗。

幽人买鱼食，心亦怜鱼痴。

早知烹割苦，宁如在流澌。

世人岂异此，外物常见羁。

好在李斯犬，当观庄子牺。

刘敬献策和匈奴

◎多见者博，多闻者智，拒谏者塞，专己者孤。——桓宽

刘敬（生卒年不详），本为齐国人，后投刘邦。白登之战中，他敢于直言不讳，违逆皇帝的意思。战后，他被封为关内侯，食禄两千户，号为建信侯。他的和亲之策被后朝数代统治者沿用。

匈奴是我国北方的一个游牧民族。秦汉之际，匈奴冒顿单于训练了一支强大的骑兵队伍，他东击东胡，西攻月氏，南并楼烦、白羊河南王，统一了匈奴各部，逐渐强盛起来。

为了巩固刚刚建立起来的汉王朝，公元前200年冬，汉高祖刘邦亲自率领32万大军出征匈奴，同时派兵镇压韩王信叛乱。汉军在进入太原郡后，连连获胜。

由于节节胜利，汉军便产生了麻痹轻敌的思想。刘邦到达晋阳后，听说匈奴在代谷（今山西省繁峙县至原平市一带）驻兵，就派了十余批的使臣出使匈奴。匈奴故意将精锐部队隐藏起来，将老弱病残的士兵列于阵前。所以汉朝派去的使臣回来后，都说匈奴可以攻击。

刘邦又派刘敬再去出使匈奴，结果他回来报告说："两国相击，此宜夸矜见所长，今臣往，徒见羸瘠、老弱，此必欲见短，伏奇兵以争利。愚以为匈奴不可击也。"然而，刘邦不仅不听劝告，还大骂刘敬，把刘敬抓起来囚禁在广武城，准备凯旋回来后处罚他。

刘邦率领骑兵先到达了平城（今山西省陵川县以北），此时，汉军的步兵

还没有完全赶到。冒顿单于见汉兵蜂拥赶来，便在白登山设下埋伏。刘邦带领兵马一进入包围圈，冒顿单于便马上指挥40万匈奴大军截住了汉军的步兵，将刘邦的兵马围困在白登山上，使汉军内无粮草、外无援兵，不能彼此相救。

刘邦发现自己的军队被包围后，马上组织突围。但经过几次激烈的战斗，也没能突围出去。之后，冒顿单于又率领骑兵从四面围攻刘邦：匈奴骑兵的西面是清一色白马，东面是一色青马，北面是一色黑马，南面是一色红马，企图将汉军冲散。结果双方损失都很大，一直相持不下。

此时正值隆冬季节，气候严寒，汉军的士兵不习惯北方寒冷干燥的生活，很多人都冻伤了，其中冻掉手指头的就有十之二三。《汉书·匈奴传》中记载："平城之下亦诚苦！七日不食，不能彀弩。"

就这样，汉军被匈奴围困了七天七夜，也没有占领白登。刘邦便采用陈平的计策，贿赂匈奴阏氏（皇后），阏氏劝冒顿单于打开包围圈的一角，让汉军撤出。当天正值天气出现大雾，汉军"持满傅矢外乡"，"徐行出围"，才得以脱险。回国后，刘邦尽斩先前进言匈奴可击的十余名使臣，赦免了刘敬。

"白登之围"后，冒顿单于屡次违背汉朝与匈奴订立的盟约，不断对边界进行侵扰劫掠活动。刘邦感到十分忧虑，就征求刘敬的意见。

刘敬说："天下刚刚安定下来，兵士们被战争搞得疲惫不堪，因此在这种情况下不能用武力来使他们屈服。冒顿杀父即位，把父亲的许多姬妾当成自己的妻子，靠着武力逞威风，这种人，是不可能用仁义感化他的。我们唯一的办法，是用策略使他的子子孙孙永远做汉朝的臣子，只是怕陛下做不到。"

刘邦说："如果的确是好办法，有什么做不到的？究竟该怎么做呢？"

刘敬说："如果陛下能把嫡长公主许配给冒顿做妻子，并送上一份丰厚的嫁妆，冒顿知道是大汉皇帝的女儿，又有丰厚的嫁妆，一定会敬重爱惜她，一定会让她作阏氏，生下的儿子一定做太子，接替单于。为什么呢？为了贪求汉朝的厚礼。陛下每年经常按时拿一些我们多余的而他们缺少的东西慰问他们，同时派辩士以礼节劝讽、教化他们。冒顿活着，他是大汉的女婿；他死了，陛下的外孙继任单于。我们哪听说过外孙对抗外祖父的？这样，就可以不用经过战争而使匈奴屈服了。如果陛下不愿意送去大公主，而让皇族或后宫的女子冒充公主，他也会知道，从而不肯尊重、亲近她，那就没有用处了。"

刘邦说："好。"于是就打算把大公主许配给冒顿。吕后闻之，日夜哭泣，说："我只有太子和一个女儿，为什么要把她抛弃在匈奴！"

刘邦最终没能送去大公主，而是选了一个宫女假冒公主，嫁给单于，并委派刘敬前去缔结和亲盟约。

此后，汉朝每年都要送给匈奴大批的棉絮、丝绸、粮食、酒等。自此，汉与匈奴约定结为兄弟，各自以长城为界，两国的关系得到了暂时的缓和。

◎故事感悟

刘敬既有深刻的洞察力，又有耿直的品行。他不被敌人的诡计迷惑，敢于直言，不怕得罪皇帝。被赦免后，他不计前嫌，一心为国。他用激将法使刘邦同意了用公主和亲的策略，换来了国家的安宁。他的分析条理清晰，策略切实可行，所以能得到皇帝的认可，并取得实效。

◎史海撷英

匈奴族历史

匈奴是中国北方的少数民族之一。据《史记·匈奴列传》中记载："匈奴，其先祖夏后氏之苗裔也，曰淳维。"夏代称荤粥，商代称鬼方，周代称猃狁，秦代称匈奴。其生活以游牧为主，逐水草而居。

秦始皇统一中国后，公元前214年，蒙恬率领30万秦军北击匈奴，收复了河套等地，屯兵上郡（今陕西省榆林市东南）。"却匈奴七百余里，胡人不敢南下而牧马"。秦汉之际，匈奴冒顿单于杀父自立为单于，统一了匈奴各部。

汉朝初年，对匈奴实行了一系列的和亲政策。汉武帝时期，国力强盛，开始对匈奴采取攻势。经过汉朝的沉重打击，匈奴人逐渐一部分内附，一部分西迁。

◎文苑拾萃

苏武牧羊

（现代）翁曾方

苏武留胡节不辱，雪地又冰天，苦忍十九年。

渴饮雪，饥吞毡，牧羊北海边。

心存汉社稷，旄落犹未还。

历尽难中难，心如铁石坚。

夜坐塞上时听笳声，入耳心恸酸。

苏武留胡节不辱，转眼北风吹，雁群汉关飞。

白发娘，望儿归，红妆守空帷。

三更同入梦，两地谁梦谁？

任海枯石烂，大节定不亏。

能使匈奴惊心碎胆，恭服汉德威。

冯唐谏君救魏尚

◎亲贤臣，远小人，此先汉所以兴隆也；亲小人，远贤臣，此后
汉所以倾颓也。——诸葛亮

冯唐（生卒年不详），西汉时赵国中丘（今邢台内邱）人，后徙居西汉代郡（今张
家口蔚县）。汉文帝时，冯唐做过中郎署长。他因谏言保魏尚一事名垂青史。《史记》、
《汉书》有传。

汉文帝统治时期，云中太守魏尚镇守边疆，屡建奇功，在朝内外都享有
很高的声誉。然而，有一次向汉文帝报请战功时，他因误查六颗敌军的头颅，
被汉文帝捉拿下狱。

不久，北方边塞频频告急，当时有个老郎官，名叫冯唐，对魏尚遭遇的
不公正的处罚很不服，一心想救出魏尚，但一直苦于没有机会接近汉文帝。

有一天，汉文帝乘着漂亮的宫车在京城里漫游。在路过郎署时，看见有
位老人在迎接他。一问，知道这个老人便是冯唐，两人就热乎地说起话来。

汉文帝得知冯唐的祖先是赵国人，就夸奖起历史上的赵将李齐如何勇
敢。冯唐认为，李齐的骁勇还比不上廉颇、李牧。文帝叹了一口气，说：
"现在匈奴逞强，屡犯边塞，如果廉颇、李牧尚在，我以他二人为将，还怕
匈奴吗？"

冯唐见来了机会，赶快要为魏尚说几句公正话，于是大声说道："陛下就
是得了廉颇、李牧，也不一定就能重用他们。"

魏尚的事情还没提到，汉文帝就气呼呼地起身回宫了。冯唐感到很沮丧，

现在看来，不但魏尚救不出来，自己的厄运恐怕也要降临了。

不一会儿，宫中派来一个侍臣，把冯唐带去了。见到汉文帝后，汉文帝和颜悦色地说："刚才听了你说的话，我一时生气回了宫，这是我的不对。不过，你也得说说我为什么就一定不能重用廉颇和李牧呢？"

冯唐刚被带进宫殿的时候，是准备受汉文帝处罚的，现在见皇上诚心诚意的样子，一颗悬着的心才放了下来。因此，他沉静地回答说："古时候，君王派遣将军时，都跪下来推着车毂说，国门以内的事我决断，国门以外的事由将军裁定。所有军队中因功封爵奖赏的事，都由将军在外决定，归来再奏报朝廷。我的祖父也说，李牧将军在统率军队时，把征收的税金都自行用来犒赏部下，朝廷从不干预。所以李牧才能够充分发挥自己的才智，能够在北面驱逐单于，大破东胡，消灭澹林；在西面抑制强秦；在南面支援韩魏。这时，赵国几乎成为霸主。后来赵王迁一即位，就听信郭开的谗言，杀了李牧，让颜聚取代他，结果被秦人俘虏。如今，我听说魏尚做云中郡郡守，治军有方，因此匈奴人远远地躲开，不敢靠近云中郡的边关要塞。匈奴也曾经入侵一次，魏尚率领军队出击，杀死了很多敌军。可现在，魏尚只是错报多杀了六个敌人，陛下就削夺了他的爵位，判处一年的刑期。我认为，陛下的法令太严明，奖赏太轻，惩罚太重。由此说来，陛下即使得到廉颇、李牧，也是不能重用的。"

汉文帝听到这里，恳切地说："我以前这样对待魏尚是错了，你赶快传我的命令，到狱中释放魏尚，让他官复原职，立即出镇边疆。"

匈奴畏惧魏尚，不敢冒犯，边陲又安定下来。

◎故事感悟

冯唐年纪虽大，却不惜残年，为保住国之良将，他大胆抨击皇帝的错误。在皇帝表示要虚心听取意见时，他以著名的历史故事为证，说明了国君用人不疑、大胆授权的重要性。汉文帝知错能改，同样值得赞扬。

◎史海撷英

魏尚治军有方

魏尚治军十分严明，但也非常关心部下的生活，军帛租税全都用来犒劳部下官兵等，并用自己的俸禄杀牛宰羊，每五日一次宴请自己的部下。因此，部下都十分拥戴他，全军的气势也很高。每每打仗冲锋，都人人争先，军威大震，匈奴畏惧，边塞得安。

◎文苑拾萃

江城子密州出猎

（宋）苏轼

老夫聊发少年狂，左牵黄，右擎苍。

锦帽貂裘，千骑卷平冈。

为报倾城随太守，亲射虎，看孙郎。

酒酣胸胆尚开张，鬓微霜，又何妨！

持节云中，何日遣冯唐？

会挽雕弓如满月，西北望，射天狼。

晁错进策安天下

◎诚宜开张圣听，以光先帝遗德，恢弘志士之气，不宜妄自菲薄，引喻失义，以塞忠谏之路也。——诸葛亮《前出师表》

晁错（公元前200—前154年），颍川（今河南禹县）人。西汉文帝、景帝时期的政治家。初从张恢学申不害、商鞅的法家学说。文帝时任太常掌故，曾奉命从故秦博士伏生受《尚书》。后为太子家令，得太子（即景帝）信任，号"智囊"。景帝即位，任为御史大夫。后因建议削藩为以吴王刘濞为首的七国诸侯以"请诛晁错，以清君侧"为名，举兵反叛。景帝畏于七国连兵，遂将其处死。晁错的著作，散见于《汉书》的《爰盎晁错传》、《荆燕吴传》和《食货志》。

西汉建立初期，汉高祖刘邦由于采取了罢兵归农、抑制商人、轻徭薄赋等一系列措施，使秦朝末年因连年战争而遭到严重破坏的农业生产逐渐得以恢复。汉文帝即位后继续奉行"与民休息"的政策，重视农桑，促进了农业的繁荣和商业的发展。但是，由此也产生了因商业发展而导致谷贱伤农，大地主、大商人对农民兼并侵夺加剧，大批农民流离失所，阶级矛盾日趋激化的社会现象。

针对这一问题，晁错上了著名的《论贵粟疏》，全面论述了"贵粟"（重视粮食）的重要性，提出重农抑商、入粟于官、拜爵除罪等一系列主张，这对当时发展生产和巩固国防，都具有一定的进步意义。

为了说服皇帝采取正确的措施，以保证国家的长治久安，晁错在他的上书中说道："在圣明的君王统治下，百姓不挨饿受冻，这并非是因为君王能亲自种粮食给他们吃，织布匹给他们穿，而是由于他能给人民开辟财源。所以尽管唐尧、夏禹之时有过九年的水灾，商汤之时有过七年的旱灾，但那时没有因饿死而被抛弃和饿瘦的人，这是因为贮藏积蓄的东西多，事先早已做好了准备。现在全国统一，土地之大，人口之多，不亚于汤、禹之时，又没有连年的水旱灾害，但积蓄却不如汤、禹之时，这是什么道理呢？原因在于土地还有潜力，百姓还有余力，能长谷物的土地还没全部开垦，山林湖沼的资源尚未完全开发，游手好闲之徒还没全都回乡务农。

"百姓一旦生活贫困，就会去做邪恶的事。而贫困是因为不富足，不富足是因为不务农，不从事农业就不能在一个地方定居下来，不能定居就会离开乡土，轻视家园，像鸟兽一样四处奔散。如果是这样，那么国家即使有高大的城墙，有深险的护城河，有严厉的法令和残酷的刑罚，还是不能禁止他们。人在寒冷的时候，是不会等有了轻暖的皮衣才穿的；在饥饿的时候，也不会等有了美味才吃。饥寒交迫，自然就顾不上廉耻了。人之常情是：一天不吃两顿饭就要挨饿，整年不做衣服穿就会受冻。那么，肚子饿了没饭吃，身上冷了无衣穿，即使是慈母也不能留住自己的儿子，国君又怎么能保有他的百姓呢？贤明的君主是懂得这个道理的，所以会让人民从事农业生产，减轻他们的赋税，大量贮备粮食，以便充实仓库，防备水旱灾荒，因此也就能够拥有人民的拥戴。

"而百姓呢，则在于君主用什么方法来管理他们。他们追逐利益就像水往低处流一样，不管东南西北。珠玉金银这些东西，饿了不能当饭吃，冷了不能当衣穿，然而人们还是看重它，这是因为君主需要它的缘故啊。珠玉金银这些物品，轻便小巧，容易收藏，拿在手里，可以周游全国而无饥寒的威胁。这就会使臣子轻易地背弃他的君主，而百姓也随便地离开家乡，盗贼受到了鼓励，犯法逃亡的人有了便于携带的财物。粟米和布帛的原料生在地里，在一定的季节里成长，收获也需要人力，并非短时间内可以成事。几石重的粮食，一般人拿不动它，也不为奸邪的人所贪图；可是这些东西一天得不到就要挨饿受冻。因此，贤明的君主重视五谷而轻视金玉。

"现在，农夫中的五口之家，家里可以参加劳作的不少于两人，能够耕种的土地也不超过百亩，而百亩的收成，不超过百石。农民春天耕地，夏天耘田，秋天收获，冬天储藏，还得砍木柴，修理官府的房舍，服劳役；春天不能避风尘，夏天不能避暑热，秋天不能避阴雨，冬天不能避寒冻，一年四季，没有一天休息。在私人方面，他们还需要交际往来，吊唁死者，看望病人，抚养孤老，养育幼儿，一切费用都要从农业收入中开支。农民虽然如此辛苦，却还要遭受水旱灾害，官府又要横征暴敛，随时摊派，早晨发命令，晚上就要交纳。交赋税的时候，有粮食的人，半价贱卖后完税；没有粮食的人，只好以加倍的利息借债纳税。于是，就不得不卖掉自己的房屋，甚至卖掉子孙来还债。而那些商人们，大的囤积货物，获取加倍的利息；小的开设店铺，贩卖货物，牟取利润。他们每日都去集市游逛，趁政府急需货物的机会，所卖物品的价格就成倍抬高。所以，商人家中男的不必耕地耘田，女的不用养蚕织布，穿的也必定是华美的衣服，吃的也必定是上等米和肉；没有农夫的劳苦，却占有农桑的收获；依仗自己富厚的钱财，与王侯结交，势力超过官吏，凭借资产相互倾轧；他们还遨游各地，车乘络绎不绝，乘着坚固的车，赶着壮实的马，脚穿丝鞋，身披绸衣。这就是商人兼并农民土地，农民流亡在外的原因。当今虽然法律轻视商人，而商人实际上已经富贵了；法律尊重农民，而农民事实上却已贫贱了。所以一般俗人所看重的，正是君主所轻贱的；一般官吏所鄙视的，正是法律所尊重的。上下相反，好恶颠倒，在这种情况下，要想使国家富裕，法令实施，那是不可能的。

　　"所以，现在的迫切任务，没有比使人民务农更重要的了。而要想使百姓从事农业，关键的问题就在于抬高粮价；而抬高粮价的办法，在于让百姓拿粮食来求赏或免罚。现在应该号召天下百姓交粮给政府，纳粮的可以封爵，或赎罪，这样，富人就可以得到爵位，农民就可以得到钱财，粮食也就不会囤积而得到流通。那些能交纳粮食得到爵位的，都是富有产业的人。从富有的人那里得到货物来供政府用，那么贫苦百姓所担负的赋税就可以减轻，这就叫做拿富有的去补不足的，法令一颁布百姓就能够得益。依顺百姓心愿，有三个好处：一是君主需要的东西充足，二是百姓的赋税减少，三是鼓励从事农业生产。

　　"按照现行法令，民间能输送一匹战马的，就可以免去三个人的兵役。因为战马是国家战备所用，故而可以使人免除兵役。神农氏曾教导说：'有七八丈高的石砌城墙，有百步之宽贮满沸水的护城河，上百万全副武装的兵士，然而没有粮食，那是守不住的。'这样看来，粮食是君王最需要的资财，也是国家最根本的政务。现在让百姓交粮买爵，封到五大夫以上，才免除一个人的兵役，这与一匹战马的功用相比差得太远了。赐封爵位，是皇上专有的权力，只要一开口，就能无穷无尽地封给别人；而粮食是百姓种出来的，生长在土地中而不会缺乏。能够封爵与赎罪，是人们十分向往的。如果让天下百姓都献纳粮食，用于边塞，以此来换取爵位或赎罪，那么不用三年，边地的粮食就必定会多起来。"

汉文帝觉得晁错的建议十分有道理，便采纳了这个建议，结果使国家经济迅速好转起来，为日后"文景之治"的出现奠定了坚实的基础。

◎故事感悟

晁错的这份奏疏思路清晰，对形势的分析精细入微，所提出的建议和措施也切实可行。他在说明问题时运用古今对比、农夫与富商大贾的对比、法令与实际情况的对比，使他的主张得到更鲜明的表现，让统治者认识到问题的严重性。其中特别是对农民实际生活中贫困穷苦的描写，揭露性很强，更能警醒高高在上的统治者。

◎史海撷英

晁错的国防之策

汉文帝时期，针对北方的匈奴军经常骚扰、汉军轮番戍边无法对付的现象，晁错向汉武帝提出了移民实边的新政策，其要点是：一、招募内地百姓到边塞地区，长期安家落户，先由政府供给衣食、住房、耕作器具，规划耕地，直到能够自给为止；二、按军事组织编制移民，并实行军事训练，平时耕种，战时出击；三、建筑防御工事，高筑城墙，深挖壕沟，并设滚木、蒺藜。这些措施切实可行，足以巩固边防。

晁错提出的这一政策,汉文帝立即付诸实施。这个政策不仅在当时起到防御匈奴的作用,而且打开了历代屯田政策的先河,对后世也产生了很大的影响。汉武帝时,赵充国实行的军屯政策;三国时期,曹操实行的屯田政策,都是晁错移民实边政策的继承和发展。

◎文苑拾萃

读晁错传

(宋)许氏

匣剑未磨晁错血,已闻刺客杀袁丝。

到头昧却人心处,便是欺他天道时。

痛矣一言偷害正,戮之万段始为宜。

邓公坟墓知何处,空对斯文有泪垂。

桓伊用音乐劝谏

◎柳泽韩愈犹进谏，况乃高名欲戢戈。——洪皓

桓伊（生卒年不详），字叔夏，小字子野（一作野王），谯国铚县（今安徽濉溪）人，东晋前期名将桓宣的族子。其父桓景（任丹阳尹、长社侯），东晋军事家、音乐家。《晋书》载，桓伊"有武干，标悟简率"，累迁大司马参军、淮南太守、历阳太守、西中郎将、豫州刺史。淝水之战，桓伊与谢玄、谢琰率八万北府兵击破前秦大军于淮南，一战而保江南半壁河山，奠此后数百年南北朝之局。

桓伊是晋代著名的音乐家，他长于吹笛、弹筝与歌唱，当时人称"尽一时之妙，为江左第一"。

有一次，孝武帝司马昌明设酒宴，作为豫州刺史的桓伊也被邀出席。孝武帝得知桓伊的音乐才能后，便叫桓伊吹笛助兴。桓伊神色自然，用他常带在身边的一支柯亭笛吹了一首笛曲。这支汉代蔡邕制作的珍贵曲笛，由笛技高超的桓伊来吹，真是"妙声发玉指，龙音响凤凰"，抑扬顿挫，令人心醉。

一曲吹完后，桓伊缓缓地放下笛子，然后仪态大方地向孝武帝说："臣子弹筝虽不及吹笛的技巧，然而伴奏歌曲还是行的。我想自弹自唱一曲，敬献皇上。同时，希望有一支笛子伴奏。"

孝武帝听了，点头赞许，并为桓伊的豪放豁达而感到高兴，还命宫中的一名伶俐善吹笛的歌伎来为他伴奏。

此时，桓伊沉思片刻，又对孝武帝说："宫中的歌伎不熟悉我的歌调，恐

怕不能胜任。我家中有一女伎张硕，伴奏得比较好，要她来是否可以？"

孝武帝同意了，不久，便召来了这名女伎。于是在张硕清脆的笛声衬映下，桓伊一面抚筝，一面歌唱。

桓伊唱的是什么呢？原来是一首含义深刻的歌曲：

"为君既不易，为臣良独难，忠信事不显，事有见疑患。周王佐文武，推心辅王政，二叔反流言。"

这首歌的意思是：当皇上的难，做臣子的也难啊，皇上看不到忠臣的心，反而要加以猜忌。好像西周时的周公旦，曾经全心全意辅政，为建立周朝立过大功，结果，周王不仅不刻在记功柱上，反而听信了管叔与蔡叔对他的诽谤。

此时此刻，桓伊的整个身心都和着歌喉，全部沉浸在歌唱的激情之中。他唱得无比深情，无比激昂，音节慷慨，直上云端。在一旁许多忠心的大臣都听明白了桓伊的意思，尤其是坐在宴席上的尚书仆射谢安更是显得很激动，一边听着，一边泪流盈眶，最后忍不住竟离开自己的座位，走到桓伊的眼前，闪着泪花，抚着胡须，赞道："你唱得好，唱得太妙了！"

而一旁的奸佞之徒，如会稽王司马道子、王国宝等人，却像是怕见阳光的老鼠一样，恨不得钻到地底下去。

孝武帝听完后，也领悟到了歌曲的寓意。原来歌词在讽谏他，批评他轻信谗言，猜忌屡建功勋的谢安。孝武帝的脸上也显得有些惭愧不安。

◎故事感悟

用音乐进谏，这在历史上是绝无仅有的，而桓伊这种巧妙的进谏方式旁敲侧击地提醒了孝武帝的错误。进谏是一门艺术，虽然表现形式多种多样，但还是要因人、因事而异，选择适合的方式才是上上之策、万全之策！

◎史海撷英

笛上三弄

晋代的大文学家、书法家王徽之有一次离京到外面游历，回来时，把小舟停泊在清溪侧。正赶上桓伊从岸上经过，二人素不相识。这时，船中有人认出了这个人就是桓伊，王徽之便请人对桓伊说："闻君善吹笛，试为我一奏。"

此时，桓伊已是地位显赫的人物了，但他仍然十分豁达大度，即刻下车，蹲在胡床上"为作三调，弄毕，便上车去"，而两人却没有交谈过一句话。

后来，宋人程大昌在其所著的《演繁露》中，记有"桓伊下马踞胡床取笛三弄"之事，人们由此便引申理解为桓伊演奏、创作了《三弄》笛曲。明代朱权在《神奇秘谱》中辑有《梅花三弄》琴曲，曲前小序云："桓伊出笛作《梅花三弄》之调，后人以琴为三弄焉。"

◎文苑拾萃

桓伊

（宋）徐钧

专利无厌世所憎，君昏臣暗谤将兴。

抚筝一曲开谏诤，臣泣君渐各自懲。

一封信得精兵强将

◎为川者决之使导，为民者宣之使言。——《国语·周语上》

丘迟（464—508年），字希范。吴兴乌程（今浙江湖州市）人。南朝梁文学家。其父灵鞠，为当时文人。初仕齐，官殿中郎。入梁，官司空。诗文传世者不多，所作《与陈伯之书》是当时骈文中的优秀之作。

陈伯之是南北朝时的著名武将，南朝齐时末曾为江州刺史，梁武帝萧衍起兵攻齐，招降了他，任命其为镇南将军、江州刺史，并封为丰城县公。梁武市天监元年（502年），陈伯之听信部下邓缮等人的挑唆，起兵反梁，战败后投奔北魏，为平南将军。天监四年（505年）冬天，梁武帝命其弟临川王萧宏统率大军伐魏，陈伯之前来抵抗。时丘迟在萧宏军中为记室，萧宏让他以私人名义写信给陈伯之，劝其归降。

丘迟用心揣摩，根据当下的情况，给陈伯之写了这样一封信：

"陈大将军足下，一向安好，万分荣幸。将军的英勇居全军之首，论才能您也是当世的豪杰。您摈弃庸人的燕雀小志及时脱离了齐朝，仰慕鸿鹄高飞的远大抱负而投奔了梁王。当初您因为顺应机缘，改换门庭，碰上了贤明的君主，才建立功勋，成就事业，得以封爵称孤，出门有装饰华丽的车子，拥有雄兵，号令一方，那是多么雄壮、显赫！怎么一下子竟成了投降异族的叛逆，听见响箭就两腿发抖，面对着北魏的统治者就下跪礼拜？这是多么卑劣下贱啊！

"我考虑您离开梁朝投靠北魏时，并不是有其他的原因，只是因为自己的内心考虑不周，因而受到了谣言的挑唆，一时不辨是非，行动失去理智，才会有今天的这个局面。圣明的梁朝宽赦人过去的罪过而要人们立新功，不计较过失而广泛任用人才，以赤诚之心对待天下之人，让所有心怀动摇的人能消除疑虑安定下来，这些您都清楚的，不需我再细说了。古代的朱鲔曾参与杀害汉光武帝的哥哥；张绣也曾用刀刺杀了曹操的爱子曹昂；然而，光武帝刘秀并没有因此就疑忌朱鲔，反而诚心诚意地招降他；魏王曹操在张绣归降后，待他也仍像过去一样。况且，您既无朱、张二人的罪过，功勋又见重于当代呢！误入迷途而知道复返，这是古代贤明之人所赞许的做法，在过错还不十分严重的时候改正，这是古代经典中所推崇的行为。当今圣上废法加恩，连像吞船的大鱼这样罪恶深重的人都可得到宽恕。您家的祖坟未被损毁，亲族家属也都安在，家中住宅完好，妻子仍在家中。您好好想一想吧，还有什么可说的呢？

"现在，梁朝满朝的功臣名将都是各有封赏任命，井然有序；结紫色绶带在腰，怀揣黄金大印在身的文职官员，参与谋划军国大计；各位武将轻车竖旌旗，接受着保卫边疆的重任，而且朝廷杀马饮血设誓，功臣名将的爵位可以传给子孙后代。唯独您还在苟且偷生，为异族的统治者而奔走效力，这岂不可悲吗？

"南燕王慕容超虽然强横，但终至身死刑场；后秦的君主姚泓虽然强盛，最终也落得个在长安被反缚生擒的下场。异族霸占中原已经有很多年了，罪恶积累已满，按理说已将自取灭亡。更何况他们昏聩狡诈，自相残杀，国内各部四分五裂，部族首领互相猜忌，各怀鬼胎。他们也正将要从自己的官邸被绑缚到京城斩首示众。而将军您，却还像鱼一样在开水锅里游来游去，像燕子一样在飘动的帷幕上筑巢，这不是太糊涂了吗？

"当今皇上极其开明，天下平安欢乐，有人从西方献上白玉环，有人从东方进贡措木箭。西南边远地方的夜郎、滇池两国，解开辫发，改随汉人习俗，请求封官；东方的朝鲜、西方的昌海两地的百姓，都叩头接受教化。只有北方的北魏野心勃勃，横行在黄沙边塞之间，做出执拗不驯的样子，只是苟延残喘罢了！我梁朝全军统帅临川王萧宏，德行昭明，是梁武帝的至亲，总揽这次北伐军事重任，到北方安抚百姓，讨伐罪魁。倘若您仍执迷不悟，不思悔改，等我们拿下北魏时才想起我的这一番话，那就太晚了。姑且用这封信来表达我们往日的情谊，希望您能仔细地考虑这件事。丘迟拜上。"

综观丘迟的这封信，结合陈伯之以往的经历、现实的处境以及内心的疑虑，有的放矢地逐层分析，无论是赞赏陈伯之的才能，惋惜陈伯之的失足，还是担忧陈伯之的处境，期望陈伯之的归来，都发自肺腑，真挚感人。陈伯之收到这封劝降信后，为书信的情理所深深感动，"乃于寿阳拥兵八千归降"。

◎故事感悟

丘迟信中理智的分析与深情的感召相互交错，层层递进，写得情理兼备，娓娓动听，具有震撼心灵的感染力和说服力。古人云："感人心者，莫先乎情"，这封信围绕着"情"字作文章，注意遴选那些饱含情意的细节及相关的事物纳入篇中，让陈伯之感到丘迟处处是在为他着想，是在真心实意地帮助他弃暗投明，摆脱困境。全文充斥着作者热爱祖国、挽救故人的真挚感情，具有感人的力量。

◎史海撷英

梁武帝勤政纳言

萧衍在当上皇帝之后，初期的政绩是很显著的。他吸取齐灭亡的教训，自己勤于政务，每天五更天起床批改公文奏章，冬天里手都冻裂了。

为了可以广泛地纳谏，萧衍积极听取众人意见，最大限度地用好人才，下令在门前设立两个盒子（当时叫函），一个是谤木函，一个是肺石函。如果功臣和有才之人没有因功受到赏赐和提拔，或者没有良才使用，都可以向肺石函里投递书信；如果是普通百姓，想要给国家提什么批评或建议，就可以向谤木函里投递书信。

◎文苑拾萃

东飞伯劳歌

（南朝梁）萧衍

东飞伯劳西飞燕，黄姑织女时相见。

谁家女儿对门居，开颜发艳照里闾。

南窗北牖挂明光，罗帷绮箔脂粉香。

女儿年几十五六，窈窕无双颜如玉。

三春已暮花从风，空留可怜与谁同。

李世民求谏心切

◎山不厌高，水不厌深。周公吐哺，天下归心。——曹操

> 王珪（571—639年），字叔玠，祁县人。唐初名臣，出身于世代官宦之家，"性沉澹，志量隐正"。他先仕隋朝，后隐居。李渊起事后，王珪事太子李建成。玄武门之变后，李世民惜王珪之才，摒弃前嫌，召回授以谏议大夫职。贞观二年（628年）被任命守侍中，贞观四年（630年）实授侍中，行宰相之职，负责纠弹驳之重任。贞观十一年（637年），受命与诸儒正定《五礼》。书成之后，获赏甚丰，受赐一子为县男封爵。同年，又被任命为魏王李泰的老师。王珪一生崇尚儒学，以儒家忠孝仁义礼等自励，是唐初有名的诤臣之一。

作为一代英主，李世民深知集思广益对于治理国家的重要意义。为了获得治国良策，李世民爱惜人才，一再向臣下求谏，成就了一段又一段历史佳话。

由于李世民平日仪表威严，常使朝见的百官举止失措。当他了解此事后，每次召见拜见者，都尽量做出和颜悦色的样子，以希望听到大臣的谏言，了解政教得失。

贞观初年，李世民曾对王公大臣说："人想要看清自己，必须靠明镜鉴别；君主想要知道自己过失，必须依靠忠臣指正。如果君主自以为贤明，臣子又不加指正，要想国家不亡，怎么可能呢？若君主丧其国，大臣也难保其家。隋炀帝暴虐凶残，大臣都闭口无言，使他听不到别人指正自己的过失，最终导致亡国。虞世基等大臣不久也遭诛杀。前事不远，你们一定要加以借鉴，看到不利百姓之举，一定要直言规劝。"

李世民还对身边的大臣说："正直之君如用邪恶之臣，国家就无法太平；

正直之臣若事邪恶之君，国家也无法太平。只有君臣同时忠诚正直，如同鱼水，那天下才能平安。朕虽然并不聪明，但有幸得到各位公聊的匡扶指正，希望凭借你们正直的谏议帮助朕把天下治理太平。"

谏议大夫王珪听皇上这样说，便进言道："听说木从墨线则直，君从进谏则圣，所以古代圣明的君主一定至少有七位谏官，向君主进谏，不予采纳就以死进谏。陛下出于圣明的考虑，采纳愚鄙之人的意见。愚臣身处这个开明的时代，愿意倾尽自己的全部力量为国效忠。"

李世民对王珪的话表示赞赏，于是诏令："从今以后宰相进宫筹划国事，都要带谏官以参预筹划。谏官们如有好的谏议，朕一定虚心采纳。"

贞观二年（628年），李世民对身边的大臣说："圣明的君主审视自己的短处，从而使自身日益完善；昏庸的君主则庇护自己的短处，因而永远愚昧。隋炀帝喜欢夸耀自己的长处，遮掩自己的短处，拒听谏言，臣下的确难以冒犯皇上。在这种情况下，虞世基不敢直言劝谏，恐怕也算不得什么大过错，因为商朝箕子装疯卖傻以求保全，孔子还称他仁明。后来隋炀帝被杀，虞世基遭株连，这合理吗？"

杜如晦对此发表见解，说："天子有了忠诚正直的大臣，虽无道也不会丧失天下。虞世基怎么能因为隋炀帝无道就缄口不语了呢？苟且偷安占有重要的官位，也不主动辞职隐退，这同微子谏而被拒即装疯逃去，情况和道理都不同啊！"

杜如晦又说："拿昔日的晋惠帝来说吧，当贾后将太子废掉时，司空张华并不苦谏，只一味随顺苟免祸患。赵王伦发兵废掉了皇后，派人问张华，张华就说：'废掉太子时，我不是没有进言，只是当时未被采纳。'使臣说：'你身居三公要职，太子无罪而被废除，既然谏言不被采纳，又为何不引身告退呢？'张华无言以对。于是使臣斩了张华，灭了他的三族。"

杜如晦据此总结说："古人云：'国家危急不去救扶，社稷危急不去匡正，怎能用这种人为相？'所以'君子面临危难而不移气节'。张华逃避责任但也不能保全其身，作为人臣的气节丧失殆尽。虞世基高居丞相之位，本来占有进言的有利位置，却无一言进谏，也实在该杀。"

　　李世民听了杜如晦这番大论，十分钦佩，便说："您说得有理。大臣一定要忠心辅佐君主治理朝政，这样才能使国家安定，自身保全。隋炀帝的确就是因为身边没有忠臣，又听不到别人指正自己的过失，才积累祸患、导致灭亡的。君主如果行为不当，臣子又不加匡正劝谏，只一味阿谀奉承，凡事都说好，那君主一定是昏庸的君主，大臣一定是谄媚的大臣。臣为谄媚之臣，君为昏庸之君，那国家离危亡还有多远？以朕现在的志向，正是要使君臣上下各尽其责，共同切磋，以成正道。各位公卿一定要忠于职守，直言进谏，以匡正补救朕的过失。朕决不会因为你们的犯颜直谏而对你们怨恨责备。"

　　李世民对规谏之臣十分感激，谏臣们也为此心情舒畅。

　　贞观六年（632年），因为御史大夫韦挺、中书侍郎杜正伦、秘书少监虞世南等人的上书内容都十分符合李世民的心意，李世民遂召见他们说："朕遍察自古以来大臣尽忠之事，如果遇到明主，便能够竭尽忠诚，加以规谏。像龙逢、比干那样的忠臣，竟然不能避免遭到杀戮而且祸及子孙，这说明，做一个贤明的君主不容易，做一个正直的臣子尤难。朕又听说，龙可以被降服驯养，然而龙的颔下有逆鳞，一旦触犯就会伤人。君主也是这样，他的颔下也有逆鳞。你们不避触犯龙鳞，各自进谏奏事，如能经常这样做，朕又何忧社稷的倾覆呢！每想到你们忠心进谏的诚意，朕就备感欣慰，所以特设宴招待你们来共享欢乐。"在赐酒欢宴的同时，还赏赐给他们数量不等的布帛。

　　太常卿韦挺经常上疏李世民，陈述政教得失。李世民写信给他说："朕看了你的意见，感到言词十分中肯，言辞、道理很有价值，对此朕深感欣慰。从前春秋时齐国发生内乱，管仲有射齐桓公衣钩之罪，然齐桓公小白并不因此怀疑管仲，这难道不是出于对忠心的赞许吗？"

　　他又说："你的真诚之意从奏章之中可以看得出来。你如果保持这种美德，一定会留下美名；如果中途懈怠，岂不可惜！希望你能够始终勉励自己，为后人树立楷模。这样后人视今人如楷模，就像今人视古人为楷模一样，这不是很好吗？朕近来没听旁人指正朕的过失，朕也看不到自己的缺点，全靠你竭尽忠心，多次向朕进献嘉言，以此沃我心田，这种感激之情，是一时无法表达完的！"

正如前面所述，李世民不但希望别人对他进谏，而且还要求大臣官僚们也能接受下属的劝谏。贞观五年（631年），他对房玄龄说："自古以来，帝王大多纵情喜怒，高兴时滥赏无功，愤怒时则乱杀无辜。所以天下遭受损失和造成混乱，莫不由此而生。朕现在日夜为此事担忧，常常希望你们直言进谏。你们也要虚心听取别人的劝谏，不要因为别人的话不合自己的心意，就庇护自己的短处，不去接纳别人的正确意见。如果不接受别人的劝谏，又怎能劝谏别人呢？"

贞观八年（634年），李世民对身边的大臣说："朕每次独居静坐时，都深刻反省，常常害怕自己的所作所为上不合天意，下为百姓所不满。因此希望有正直忠诚的人匡正劝谏，以使自己的思想能与外界沟通，百姓不会心怀怨恨而耿耿于怀。近来朕发现前来奏事的人多带有恐怖畏惧之色，致使语无伦次。平时奏事，尚且如此，更何况耿直劝谏的，一定更害怕触犯龙颜。所以每次前来进谏，纵然不合吾意，朕也不认为是违逆犯上。如果当时对谏者斥责，奏事者会心怀恐惧，那他们又怎敢直陈己见呢？"

贞观中期，李世民发现向他进谏的人减少了，于是他问魏征："近来朝中大臣都不议论朝政，是什么原因呢？"

魏征分析说："陛下虚心采纳臣下意见，本来应该有人进谏。然而古人说：'不信任的人来上谏，就会认为他是毁谤自己；信任的人却没有谏言，就会认为他白食俸禄。'但是人的才能器量有所不同。懦弱的人，虽然心怀忠信却不敢言；被国君疏远的人，害怕对己不利而不敢言。所以大家都闭口缄默，随波逐流，苟且度日。"

李世民说："的确如您所说的那样。朕常常在想，臣子想要进谏，但害怕带来灾祸，难保性命，这与那些冒着被鼎镬烹死、被利剑刺死的人有什么不同呢？所以忠诚正直的大臣，不是不想竭诚尽忠，而是太难了。朕现在敞开胸襟、广纳谏言，你们切不要过分恐惧，只管极力进谏。"

贞观十六年（642年），李世民对房玄龄说："自知者明，而能够做到这一点确实很难。写文章的人和从事技艺的人，都自以为出类拔萃，他人比不上。如果著名的工匠和文士能够互相批评、指正，那么文章和工艺的拙劣之处就能够显现出来。由此看来，君主必须有匡正规谏的大臣来指正他的缺点过失。君主日理万机，一个人听政决断，虽然忧虑劳碌，又怎能把事情全部处理妥当呢？朕常常思考，遇事时魏征随时都能给予指正、规谏，且多切中失误之处，就像明镜照见自己的形体，美丑一下子都能显现一样。"于是举杯赐酒给房玄龄等人，以资鼓励，意思是让他们向魏征学习。

还有一次，李世民曾问谏议大夫褚遂良："从前舜打造漆器，禹雕镂俎，当时规谏舜禹的就有十多人，盛装食物的小小器皿，何需这么多人苦谏？"

褚遂良说："雕琢器皿会影响农业生产，纺织五彩绦条会耽误女子的工作。追求奢侈糜烂，那么国家就会慢慢走向灭亡。漆器不满足，必用金器代替；金器不满足，必用玉器代替。所以正直大臣的规谏必须是在事情刚开始的时候，等到了一定程度，就没有规谏的必要了。"

李世民听了，深以为然，高兴地称赞褚遂良说得对，并说："朕的行为如果有不当之处，不管是开始还是结束，都应该进言规谏。近来朕看前代的史书，有的大臣向君王谏事，君主总是回答"'已做过了'或者'已经允诺'，实际上却并不加以改正，这样下去国家走向危亡，就会像翻掌一样容易啊。"

◎故事感悟

一个"求"字重千钧。"求"不是被动地接受，而是主动寻求，更为可贵的是寻求的对象是自己的下属。作为一名掌握国家最高权力的封建君王，他的每句话都可以当作"圣旨"来看待，但李世民不自满、自傲，一生大部分时间都在虚心向臣下求谏，其思想境界的高远和通达、心境的透明和宏阔，也帮助他成就了一段辉煌的盛世。

◎史海撷英

王珪谦虚谨慎

有一次，唐太宗李世民命王珪评论一下诸臣的优劣，王珪从容地回答说："孜

孜奉国,多谋善略,我不如房玄龄;能文兼武,出将入相,我不如李靖;敷奏说明,条理清晰,我不如温彦博;办事干练,案无滞留,我不如戴胄;忠诚无私,犯颜直谏,我不如魏征。然而,激浊扬清,嫉恶好善,我却比他们有一日之长。"

这番话深受李世民的称道,太宗感慨地说:"卿如常居谏官,朕必永无过失。"

◎文苑拾萃

春日玄武门宴群臣

(唐)李世民

韶光开令序,淑气动芳年。

驻辇华林侧,高宴柏梁前。

紫庭文佩满,丹墀衮绂连。

九夷簉瑶席,五狄列琼筵。

娱宾歌湛露,广乐奏钧天。

清尊浮绿醑,雅曲韵朱弦。

粤余君万国,还惭抚八埏。

庶几保贞固,虚己厉求贤。

魏征敢说真话

◎谗言谨莫听，听之祸殃结。——《全唐诗·外编》

魏征（580—643年），字玄成。唐初杰出的政治家、思想家、史学家。河北巨鹿人，祖籍为四川省广元剑阁人。从小丧失父母，家境贫寒，但喜爱读书，不理家业，曾出家当过道士。隋大业末年，魏征被隋武阳郡（治所在今河北大名东北）丞元宝藏任为书记。元宝藏举郡归降李密后，他又被李密任为元帅府文学参军，专掌文书卷宗。后为唐太子李建成僚属。

　　魏征是唐代初期著名的谏臣。在隋末乱世之中，魏征先后投到多人门下，但都未得到重用。后来，他成了唐朝太子李建成的僚属。

　　玄武门之变后，登上皇位的李世民器重魏征的胆识和才能，不但没有怪罪他，反而还让他任谏官之职，并经常引入内廷，询问政事得失。魏征喜逢明主，竭诚辅佐，知无不言，言无不尽。加之他性格耿直，说话做事往往据理抗争，从不委曲求全。

　　魏征在进谏时，凡是他认为正确的意见，就必定要当面直谏，而且坚持到底，决不背后议论，这是他的可贵之处。

　　有一次，唐太宗李世民对长孙无忌说："魏征每次向我进谏时，只要我没有接受他的意见，他总是不答应，不知是何缘故？"

　　未等长孙无忌答话，魏征便接过话头说："陛下做事不对，我才进谏。如果陛下不听我的劝告，我又立即顺从陛下的意见，那就只有依照陛下的旨意行事，岂不违背了我进谏的初衷了吗？"

太宗说："你当时哪怕应承一下，顾全我的体面，退朝之后，你再单独向我进谏，难道这样不行吗？"

魏征解释道："从前，舜告诫群臣说，不要当面顺从我，背后又讲另一套，这不是臣下忠君的表现，而是阳奉阴违的奸佞行为。对于您的看法，为臣不敢苟同。"

唐太宗听了，非常赞赏魏征的意见。

在国家大政方针上，尤其是在大乱之后拨乱反正方面，魏征的主张是宜快不宜慢，宜急不宜缓。李世民即位之初，百废待兴，百业待举。有一天，太宗问魏征："贤明的君主治理好国家需要百年的功夫吧？"魏征不同意太宗的想法，他回答说："圣明的人治理国家，就像声音立刻就有回音一样，一年之内就可见到效果，二年见效就太晚了，怎么要等百年才能治理好呢？"尚书仆射封德彝嘲笑魏征的看法，魏征说："大乱之后治理国家，就像饿极了的人要吃东西一样，来得更快。行帝道则帝，行王道则王，事在人为，而不是人民是否可以教化。"

太宗听从了魏征的意见，积极采取有效措施，只过了两三年，唐朝就出现了贞观之治的繁盛局面。

魏征还主张，国家法令制度应该取信于民，不能朝令夕改，让人无所适从。唐朝原定18岁的男子才能参加征兵服役。有一次，为了多征兵巩固边境，唐太宗要求16岁以上男子全部应征。对这种做法，魏征坚决不同意。他说："涸泽而渔，焚林而猎，是杀鸡取卵的做法。兵不在多而在精，何必为了充数把不够年龄的人也弄来呢？况且这也是失信于民。"

唐太宗问自己是否有失信于民的事，魏征举了三个例子。太宗虽然觉得言词尖刻，难听刺耳，但心中仍感到很高兴，认为魏征是忠于朝廷，以精诚之心辅佐自己以信义治国，于是便下令停止执行征召计划。同时，太宗还奖赏魏征金瓮一口，以资鼓励。

在个人享乐方面，魏征也经常犯颜直谏。有一次，太宗想去南山打猎，车马都准备好了，最后还是没敢去。魏征问他为什么没有出去，太宗说："我起初是想去打猎，可又怕你责备，就不敢出去了。"

还有一次，唐太宗从长安去洛阳，因为当地供应的东西不好，太宗就很生气。魏征知道后，就对太宗说："隋炀帝就是因为无限制地追求享乐而灭亡的。现在因为供应不好就发脾气，以后必然上行下效，各地方拼命供奉陛下，以求陛下满意。供应是有限的，人的奢侈欲望是无限的，如此下去，隋朝的悲剧又该重演了。"

太宗听了这番话后心惊不已，以后便很注意节俭了。

对于唐太宗的品德修养，魏征也很重视。他曾直言不讳地对太宗说："居人上者，其身正，不令而行；其身不正，虽令不从。"他还引用荀子的话告诫太宗："君主似舟，人民似水，水能载舟，亦能覆舟。"这句话对李世民震动很大，他一直牢记在心。

一次，唐太宗问魏征，怎样才能做一个明君而不要做一个昏君，魏征就讲了隋朝虞世基的故事。

当时，虞世基就专门投隋炀帝所好，专说好话，不讲逆耳之言；专报喜，不报忧。结果导致隋朝灭亡。由此，魏征得出了一个著名的结论，即"兼听则明，偏听则暗"。

魏征去世后，唐太宗极为思念。他感慨地说："夫以铜为镜，可以正衣冠；以古为镜，可以知兴替；以人为镜，可以明得失。朕常保此三镜，以防己过。今魏征殂逝，遂亡一镜矣。"这恐怕也是历代大臣中所享受的最高殊荣了。

魏征以直谏著称，但也不是不讲究进谏的艺术，他有时也能以文才雅兴暗喻讽劝，委婉地开导太宗，使其醒悟改过。

贞观十一年，唐太宗到洛阳巡视，魏征随百官同行。太宗在洛阳宫西苑宴请群臣，又带着群臣泛舟积翠池。太宗高兴地指着两岸的景色和阁楼对大臣们说："隋炀帝穷奢极欲，大兴土木，宫殿园苑遍布京都，结果官逼民反，身死异乡。而今这些宫殿、园苑尽归于我。炀帝亡国，与佞臣阿谀奉承、弄

虚作假、助纣为虐有很大关系，你们可要引以为戒啊！"

魏征听后，立即回答说："臣等以宇文述等佞臣为戒，理固当然；望陛下以炀帝为鉴，则国家太平，万民幸甚！"

唐太宗听了魏征的话，觉得很有道理，便主张君臣共勉。他又要求群臣赋诗助兴，群臣请他先赋，李世民略一沉思，立即朗声吟道：

> 日昃玩百篇，临灯披《五典》。
> 夏康既逸豫，商辛亦流湎。
> 恣情昏主多，克己明君鲜。
> 天身资累恶，成名由积善。

这首诗，太宗命名为《尚书》。他以《尚书》中骄奢淫逸的昏君为例，指出他们身败名裂、国破家亡是由于作恶多端，咎由自取。而那些克己俭朴、勤政爱民的明君，尽管在历史上不多，但却名垂千古、青史流芳，这就在于他们注意修养，不断做好事，为民谋利所致。

唐太宗的这首诗通过咏史，抒发了自己立志做一个"克己明君"的襟怀。群臣一听，都齐声赞颂。太宗也要求群臣逐一赋诗，魏征当仁不让，立赋《西汉》一诗，他朗诵道：

> 受降临轵道，争长趣鸿门。
> 驱传渭桥上，观兵细柳屯。
> 夜宴经柏谷，朝游出杜原。
> 终籍叔孙礼，方知皇帝尊。

这首诗，魏征以西汉初年几个有作为的皇帝高祖、文帝、景帝、武帝为例，说明帝王贤明，勤劳国事，既建武功，又修文治，才能受到百姓的爱戴。

魏征希望太宗能向刘邦等帝王学习，既"受降"于秦王子婴，建灭秦之武功；又能礼遇儒生叔孙通，开文治之基业。唐太宗聪颖过人，一听这首诗，便马上明白了魏征暗含讽意，他激动地说："魏征忠心耿耿，不仅以奏疏谏我，而且赋诗时，又以礼仪开导于我，真可谓知古德的忠直之臣。"

太宗对魏征的评价很高。有一次，他问群臣："魏征与诸葛亮相比，哪个更为贤良？"岑文本说："诸葛亮才兼将相，魏征不如他。"太宗却说："魏征以仁义之道辅佐我治国，希望我成为尧、舜那样的明君，就此而言，诸葛亮也不能同他相提并论。"可见，在唐太宗的心中，魏征的才德是何等之高。

◎故事感悟

在封建专制社会里，帝王拥有至高无上的权力。如果国君贪图享乐，任性而为，必然给国家带来巨大灾难。那些励精图治的统治者都知道，只有多听逆耳之言，才能让自己少犯错误；只有集思广益，才能把天下治理得更好。魏征和李世民相处17年，一个以直言进谏著称，一个以虚怀纳谏出名，尽管有时争论激烈，互不相让，但李世民还是虚心纳谏。这种君臣关系，在历史上也极为罕见，李世民也赢得了后人的尊重。

◎史海撷英

魏征不做良臣做忠臣

贞观元年（627年），魏征升任尚书左丞。这时，有人奏告唐太宗，说魏征私自提拔自己的亲戚做官。唐太宗立即派御史大夫温彦博调查此事，结果查无证据，纯属诬告。但唐太宗仍然派人转告魏征说："今后要远避嫌疑，不要再惹出这样的麻烦了。"

魏征当即面奏太宗，说："我听说君臣之间相互协助，义同一体。如果不讲秉公办事，只讲远避嫌疑，那么国家兴亡，或未可知。"并请求太宗要使自己做良臣而不要做忠臣。

　　太宗便问魏征，忠臣和良臣有何区别。魏征答道："使自己身获美名，使君主成为明君，子孙相继，福禄无疆，是为良臣；使自己身受杀戮，使君主沦为暴君，家国并丧，空有其名，是为忠臣。以此而言，二者相去甚远。"太宗点头称是。

◎文苑拾萃

暮秋言怀

（唐）魏征

　　　　首夏别京辅，杪秋滞三河。
　　　　沉沉蓬莱阁，日夕乡思多。
　　　　霜剪凉阶蕙，风捎幽渚荷。
　　　　岁芳坐沦歇，感此式微歌。

吴兢进谏安李唐

◎人生至遇是恶闻己过，人生至恶是善谈人过。——清·中居郎

吴兢（670—749年），汴州浚仪（今河南开封）人。武周时入史馆，修国史，迁右拾遗内供奉。唐中宗时，改右补阙，累迁起居郎，水部郎中。唐玄宗时，为谏议大夫，修文馆学士，卫尉少卿兼修国史，太子左庶子，也曾任台、洪、饶、蕲等州刺史，加银青光禄大夫，迁相州，封长垣县子，后改邺郡太守，回京又任恒王傅。

长安年间（701—704年），魏元忠和朱敬则双双为相，吴兢被举荐为"有史才"，"因令直史馆，修国史"，从此步入仕途。

吴兢为人耿直而敢于犯颜直谏，保存至今的吴兢几篇奏折中，都反映了他的事迹。如《上中宗皇帝疏》，就对当时的政治局势产生了一定的影响。

武则天去世后，唐中宗李显无力驾驭全局，武三思、韦后、安乐公主等人都在觊觎皇位，阴谋之事也接连不断。一时朝中人人自危，气氛恐怖。吴兢不计个人安危，毅然上表中宗，直率地指出把相王李旦说成太子李重俊的同谋是一场阴谋。他劝中宗要珍惜与相王"亲莫加焉"的兄弟之情，"若信任邪佞，委之于法，必伤陛下之恩，失天下之望"。吴兢分析说，如果相王被诬治罪，那么中宗本人也将陷入孤立无援的境地。由于吴兢的奏表颇有说服力，再加上御史中丞萧至忠的进谏，终于使相王平安无事。数年后，相王李旦继位，是为唐睿宗。

唐玄宗李隆基刚刚即位时，"收还权纲，锐于决事"，一反中宗、睿宗以来难以独掌权柄的局面。然而，权力的过度集中也带来了许多负面的影响。

群臣面对玄宗大多不敢大胆进谏。吴兢感到这种状况不利于唐室，便上疏劝玄宗对进谏者有所区别，改变赏薄罚重的做法，如进谏者"所言是"，则"有益于国"；即使"所言非"，也"无累于朝"，"陛下何遽加斥逐，以杜塞直言"。在奏章中，吴兢还举出了前代皇帝虚心纳谏致胜和骄横拒谏致败的实例，还特别赞扬了太宗李世民虚怀若谷、导人使谏的故事。

吴兢所上谏疏都是关乎政治的大事，他的《谏十铨试人表》便是一例。当时，朝廷在选用官员时，皇帝总是绕开吏部而在禁中做出决定。吴兢反对这样做，认为朝廷的各个部门都应各司其职，选官之事必须由吏部进行。他强调应按既定的法规行事，即使皇帝也不能例外，任意改变制度，"上自天子，至于卿士，守其职分，而不可辄有侵越也"。

从上述事例可以看出，吴兢在政治上是颇有贡献的，他直言敢谏，不愧为一代诤臣。

◎故事感悟

吴兢作为史官，应该没有谏言的职责，可是他为了江山社稷，能直言于皇帝，表现出了他的勇气和责任感。皇上能够听取他的意见，也足以证明他在皇上心目中的地位和威望及他的人品。

◎史海撷英

吴兢辞史馆职

吴兢被荐举为史官时，年纪约30岁。《唐会要·史馆上·在外修史》中，有唐玄宗开元二十五年（737年）时吴兢在集贤院和史馆修史的记载，这时他68岁。

吴兢担任修史工作至少有40年，其一生的大部分时间和主要精力都献给了修史事业。可是，在史馆修史的工作也并不顺利，据史料记载，他曾几次请求调离史职。

吴兢所在的史馆，与唐太宗贞观年间的史馆已经大不相同。贞观时期，史官位尊权重，甄选严格，通籍禁门，优礼有加，"得厕其流者，为一时之美事"。因此，修史也具有相当高的效率。然而其后每况愈下，史馆或因政争而动荡，或因庸才充斥、监修弄权而混乱。吴兢的辞职表中也多有微词："臣自掌史东观十有七年，岁序徒淹，勤劳莫著，不能勒成大典，……乞罢今职。"此时，史官的俸禄不高。因此，吴兢自父亲退休后，便顿感经济困窘，不得不提出了加俸的请求，"又兢父致仕已来，俸料斯绝，所冀禄秩稍厚，甘脆有资，乌鸟之诚，幸垂矜察"。

　　吴兢的这一次请辞职是在任史官17年后提出的，时间是开元初年，但没有被批准。后来，吴兢又以居丧为由，上三次表文，坚拒起复史职。但是，吴兢请求辞职并不是说明他不重视或不喜欢史官工作。从他的表文中可以看到，他对史官一职的宗旨及职能是有很透彻的认识和高度的推崇之情。他说："史官之任，为代准的，……树终古之风声"，"定一代之是非，为百王之准的。"这些都可以看作是对史官修史根本宗旨的认识。也正因为吴兢对史官一职寄托厚望，所以也就越发不能容忍妨碍史馆正常运作的种种不端现象。作为一种抗议，他才愤然提出辞去无比热爱的史职。

　　身处乌烟瘴气的史馆，吴兢除了辞职以抗议、私撰以抵制外，还尽自己最大的能力保持自己的史学特色，为维护史学的优良传统进行了不懈的努力。

◎文苑拾萃

永泰公主挽歌二首

（唐）吴兢

秾华从妇道，釐降适诸侯。

河汉天孙合，潇湘帝子游。

关雎方作训，鸣凤自相求。

可叹凌波迹，东川遂不流。

舜华徂北渚，宸思结南阳。

鹜绶哀荣备，游轩宠悼彰。

三川谋远日，八水宅连冈。

无复秦楼上，吹箫下凤凰。

耶律楚材谏君爱民

◎人之将死，恶闻酒肉之味；邦之将亡，恶闻忠臣之气。——袁康《越绝书·越绝德序外传记》

耶律楚材（1190—1244年），字晋卿，号玉泉老人，法号湛然居士。蒙古帝国大臣，蒙古名为吾图撒合里。出身于契丹贵族家庭，生长于燕京（今北京），世居金中都（今北京），是辽太祖耶律阿保机的九世孙。耶律楚材对成吉思汗及其子孙产生了深远影响，他采取的各种措施为元朝的建立奠定了坚实的基础。

耶律楚材是契丹族人，后来成为蒙古帝国的重臣。他为官的座右铭是："兴一利不如除一害，生一事不如省一事。"综观他的一生，他确实是严格照此行事的。

耶律楚材归顺成吉思汗不久，便随成吉思汗开始了西征。当大军驻扎铁门关，当地人给成吉思汗送来了一只独角兽，其形似鹿，其尾似马，嘶鸣声还咿咿晤晤似人言。成吉思汗感到奇怪，问耶律楚材是否知道这怪兽的有关情况。耶律楚材基于西征的目的已经达到，再继续下去于国于民有害而无益，便借题发挥道："该兽名为角瑞，它的出现表示吉祥。它能作人言，厌恶杀生。刚才的叫声，就是劝您早点回国。"他还说："大汗是天子，百姓是臣民，愿大汗禀承上天旨意，保全天下百姓。"成吉思汗听罢，当即决定结束此次西征，班师回国。

成吉思汗死后，其四子拖雷代理国政仅一年，便传位给自己的三哥窝阔台。窝阔台三年（1231年），蒙军大将速不台率师进攻金朝京城汴京（今开封）。因汴京城墙坚厚，久攻不下，人马死伤很多。这时，金国将领崔立发动政变，为速不台攻陷汴京提供了良机。战后，速不台向窝阔台奏请道："金国抗拒持久，我军将士多有伤亡，待城陷之日宜尽行屠戮。"窝阔台点头同意。耶律楚材听说此事，急忙赶来求见窝阔台说："大汗暴露于野数十年，所欲得者无非是土地、人民。得地而无民，又有何用！"他见窝阔台犹豫不决，又补充道："奇人工匠、厚藏人家皆荟萃于此地。一旦斩尽杀绝，大汗将一无所获。"窝阔台这才动了心，并命令速不台："除金国皇族以外，其余一概不杀。"也正因此，汴京147万人的生命才得到了挽救。

窝阔台平定河南之初，蒙古军抓获了许多俘虏。但是，当他们班师回国时，一多半的俘虏却陆续跑掉了。窝阔台大怒，下令说："凡逃亡之民以及收留资助者，灭其全家，乡社连坐。"从此，逃者不敢求舍，沿途不敢留宿，以致饿殍漫山遍野。耶建楚材看到这种景象，又相机进谏说："民乃大汗赤子，又能逃到何处？为何因一俘因，连坐而死数十百人？"窝阔台认为言之有理，也便撤销了他的命令。

窝阔台八年（1236年），侍臣脱欢提出选美以充后宫。窝阔台准奏，但耶律楚材却拖延不办。窝阔台很生气，遂严辞斥责他。他乘机奏道："已选美女28人，如再选美，臣恐扰民，正欲复奏。"窝阔台沉思良久，才终于收回了成命。

又过了五年，窝阔台在蒙古军南进节节胜利时突然病倒。皇后乃马真氏惊慌失措，急召耶律楚材想办法。耶律楚材又趁机借天命以尽人事，他说："因任使非人，卖宫鬻狱，囚系无辜甚多。请赦天下囚徒，以为大汗祈福。"还表示，此举"非帝命不可"。皇后急于抢救窝阔台，遂拉他一起到病榻前奏请。待窝阔台点头认可后，他又连夜去宣读赦书，从而又救了许多人的命。

◎故事感悟

作为一位少数民族政治家，耶律楚材时时处处以爱民为先。面对崇尚武力的统治者，耶律楚材非常讲究进谏的时机和艺术，并都获得了成功，使无数人的生命免于涂炭，促进了社会的发展和进步。他的爱民之心和进谏艺术令人赞叹！

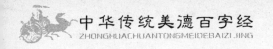

◎史海撷英

耶律楚材倡导改革

耶律楚材为官期间,针对蒙古族军民一体、较为落后的现状提出改革。他主张,应实行军民分治的政策,设立州县,管理民政;设置万户所,负责军政;课税所负责征收赋税。这样,就将军权、政权和财权分割开来,相互牵制,相互监督,调解了汉族地主和蒙古贵族之间的矛盾,巩固了对蒙古的统治基础,加速了蒙古统一全国、建立中央集权政治的步伐,对蒙古和中原的历史都产生了深远的影响。

◎文苑拾萃

过阴山和人韵

(元)耶律楚材

阴山千里横东西,秋声浩浩鸣秋溪。
猿猱鸿鹄不能过,天兵百万驰霜蹄。
万倾松风落松子,郁郁苍苍映流水。
六丁何事夸神威,天台罗浮移到此。
云霞掩翳山重重,峰峦突兀何雄雄。
古来天险阻西域,人烟不与中原通。
细路萦纡斜复宜,山角摩天不盈尺。
溪风萧萧溪水寒,花落空山人影寂。
四十八桥横雁行,胜游奇观真非常。
临高俯视千万仞,令人凛凛生恐惶。
百里镜湖山顶上,旦暮云烟浮气象。
山南山北多幽绝,几派飞泉练千丈。
大河西注波无穷,千溪万壑皆会同。
君成绮语壮奇诞,造物缩手神无功。
山高四更才吐月,八月山峰半埋雪。
遥思山外屯边兵,西风冷彻征衣铁。

阿丑演戏谏皇帝

◎简能而任之，择善而从之，则智者尽其谋，勇者竭其力，仁者播其惠，信者效其忠。——魏征

明宪宗朱见深（1447—1487年），也称成化帝。明英宗长子，明朝第八代皇帝，初名朱见浚。土木之变，英宗被瓦剌掳去。景泰帝即位后，朱见浚被废为沂王。天顺元年（1457年），英宗复辟，朱见浚又被立为皇太子，改名朱见深。于天顺八年（1464年）登基，成化二十三年（1487年）驾崩，时年41岁，葬于北京昌平明茂陵。

　　明宪宗成化年间，有个小宦官名叫阿丑，其真实的姓名、身世、来历、职衔等，都没有记载。在多种明代史籍中，阿丑都以善演讽刺滑稽戏敢于在皇帝面前借演戏来讥讽、揭露时政的歪风弊端而见称。

　　当时，明朝廷有个勋臣保国公朱永掌管团营，他利用职权之便，私自役使2000名兵丁给他盖房子。于是，阿丑便表演了一场"垓下之围"的戏，口里念道："六千兵散楚歌声。"有人跟他争辩，说："应当是八千兵。"阿丑说："你不知道吗？还有2000名兵丁正在给保国公家盖房子，还没有回来呢。"

　　明宪宗听说后，便秘密派掌管东厂的太监尚铭去调查这件事。朱永听到风声后，立刻停了工，把那2000兵丁遣送回军营了。

　　又有一天，阿丑在皇帝面前扮演六部派遣委任官员的情况，他先是下命要严格选拔，及至选出来了，就逐一问他们的姓名。一个说："姓公，名论。"负责的官员说："公论现在没有用。"又问另一个人，回答说："姓公，名道。"负责的官员很干脆地说："公道如今难行。"又问最后一个人的姓名，回答说：

"姓胡，名涂。"负责的官员听到后，十分满意地说："胡涂现在最吃得开，能行。"皇帝听完后，微微一笑。

当时，太监汪直和王越、陈钺结成死党，在朝中专权，制造了许多冤假错案，被他们迫害致死的臣民多到无法统计，朝野一片怨恨之声。然而，大臣们都束手无策，普通百姓也就更是敢怒而不敢言了。原因很简单，明宪宗宠信他们！在宪宗的纵容下，这些人利用手中掌握的特务机构——西厂，捕人、杀人易如反掌，大臣们的命运都掌握在汪直的手中。

阿丑看到这种状况后，十分担忧。照这样发展下去，明朝的江山就要断送在他们的手里了。可是公开与他们对着干，阿丑也没有这么大的力量。在宪宗面前上奏弹劾，他的官位又太小，没有这样的权力。但眼见汪直横行，又很不甘心。于是他日思夜想，准备挫挫这伙人的气焰。终于，他想出了一个主意。

有一天，阿丑组织班子为宪宗演戏。阿丑扮作一个喝醉了酒的人，东倒西歪地走上台来，嘴里骂个不停。这时，一个扮作小太监的人慌慌张张地走过来，向他报告说："太后来啦！"阿丑好像没有听见似的，继续大声骂人。不一会儿，另一个太监模样的人走到阿丑身边，跪在地上说："皇上驾到！"阿丑仍然不予理睬。

可是，当"小太监"对他说道"汪太监来了"时，阿丑吓得面如白纸，出了一身冷汗，酒也醒了，连跌带爬地躲藏起来。那个"小太监"问道："你阿丑连太后和皇帝都不怕，怎么害怕这个汪太监呢？"

阿丑东张西望地看了一阵，发现附近没有人，才小声地回话说："这汪太监挺厉害，他控制着一个西厂，抓人、杀人只要一句话，朝廷中哪个人敢碰他？如果落在他手里，我阿丑还有命吗？"

明宪宗听到这里，还是微微一笑。

第二天，阿丑继续演戏。这次，阿丑穿戴着同汪直差不多的衣冠，手里操着两把大斧，耀武扬威地上了台。合作演戏的人指着大斧问道："你拿着两把大斧做什么？"

阿丑摇摇头说："这哪里是一般的斧头？这是两把钺。"

演戏的人又问道："这钺可有名字吗？"

阿丑冷笑不止地说："你这个人真是个书呆子，连王越、陈钺都不认识吗？"

台下看戏的明宪宗又是微微一笑。

终于，宪宗对汪直、王越等人的所作所为引起了警觉，盘算该怎样处理他们。就在这时，御史徐镛上奏弹劾汪直等三人，罗列了他们专横跋扈、枉杀无辜、目无皇上的罪行，要求宪宗严厉处置他们。宪宗同意将他们三人削职为民，朝野顿时一片欢腾。

◎故事感悟

作为一个地位卑微的宫廷优伶，阿丑能有忧国忧民的思想，实在是难能可贵。在封建社会里，人们没有权力和能力消除那些恶势力，掌握最高权力的皇帝出于私利又不作为，此时阿丑的揭露与讽刺起到了不小的作用。一个小人物，不顾自身安危，针砭时弊，勇气可见一斑。

◎史海撷英

荆襄流民

荆襄流民是元代以来困扰中央政府的一个大难题。这些流民主要集中在今天的湖北省郧县地区。这里万山环绕，又处于湖广、陕西、河南三省的交界处，在元、明时期，是一个三不管的地区。每当灾荒、战乱发生，这一带便经常聚集着近百万的流民。

明成化年间，朝廷曾对这些流民进行了安置，但主要是因为刘通、石龙起义而引起的。政府在镇压了农民起义之后，便任命原杰安抚流民，还设置了郧阳府，将流民用户籍的形式固定在当地，又设置了郧阳巡抚，一劳永逸地解决了这一问题。

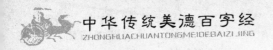
◎文苑拾萃

江门学派

　　江门学派是由明成化年间著名的哲学家、思想家、诗人陈白沙所创立的，其核心内容是"自得之学"和"自然为宗"。

　　江门学派的创立，构架了独具理论特色的江门心学思想体系，实现了明代文化由理学向心学的转向，也标志着岭南文化的真正崛起。明清之际的著名学者黄宗羲在其《明儒学案》中，为江门学派专立学案，明确地指出了江门心学在明代学术思想发展的重要地位和突出贡献。

ZHONGHUACHUANTONGMEIDEBAIZIJING

中华传统美德百字经

谏·能谏则诚

第二篇

虚心纳谏成大业

齐桓公求言强国

◎我劝天公重抖擞，不拘一格降人才。——龚自珍

齐桓公（？—前643年），春秋时代齐国第十五位国君。姜姓，名小白。齐僖公的孙子、齐襄公的次弟，其母为卫国人。即位后任管仲为相，推行改革，实行军政合一、兵民合一的制度，齐国逐渐强盛。桓公于公元前681年在甄（今山东鄄城）召集宋、陈等四国诸侯会盟，成为历史上第一个充当盟主的诸侯。

春秋时期，各诸侯国间斗争很激烈，齐桓公为尽快地富国强兵，称雄于诸侯，制定了礼贤下士、广开言路的新政策。

为了方便四面八方的人士前来献计献策，齐桓公白天虚位以待，夜晚就下令在大门里边燃起薪火，三步一簇，五步一堆，把整个院落照得如同白昼，直达齐桓公帐下。他还在一棵大槐树上挂了一面进谏鼓。不管是白天黑夜，只要求见者敲响了这面鼓，桓公都要亲自出面来迎见。同时规定，凡是意见被采纳者，将馈赠重金予以酬谢。可是不知为什么，他等啊、等啊，足足等了一年，竟没有一个人来。

有一天，一个来自齐东的人一瘸一拐地前来求见了，自称会"小九九算法"，欲求见桓公。大门边的侍卫人员听说后，诧异得直眨眼，他们打量着来人，笑话他说："'小九九算法'连八九岁的孩子都会，你仅凭这点儿本事，就想求见我们的国君吗？"

齐东人并未慌张，一字一句地回答道："我听说咱们的国君礼贤下士，广开言路，可是过了一年了，竟没听说有一个士人前来求见。请问你知道士人

不来的原因吗？"

侍卫人员顿时红了脸，摇了摇头，没说什么。

齐东人接着说道："这其中的缘故，就是因为他们都认为君王是天下最聪明的人。在君王面前进言，恐怕是班门弄斧，怕君王看不起他们，所以才没人敢来呀！"

几个侍卫人员将齐东人围在中间，都认真地听着。齐东人又说："我只会'小九九算法'，这点本事连雕虫小技都谈不上，如能得到君王的器重，以礼接待，那么那些比我有才能的人就会接踵而来了。泰山不弃微尘，江海不辞细流，所以才能成就他们的高大、宽广啊！"

听了齐东人的这番话，侍卫人员赶紧报告给桓公。当时齐桓公已在卧帐内准备睡觉了，听说后急忙从床上坐起，大声说道："客人言之有理！"然后穿衣戴冠，走出帐外，快步来到了大门旁向齐东人郑重地躬身施了个礼。然后他拉着齐东人的手，一同来到了议事厅内，连夜设宴款待齐东人。

齐东人在桓公那里一住月余，一直受到了上宾的礼遇。

桓公以礼接待齐东人的事不胫而走，人们一传十、十传百，四面八方的士人纷至沓来献计献策。他们不存疑虑，畅所欲言，提出的许多中肯宝贵的意见为桓公所采纳。慢慢地，齐国国富兵强，逐渐强大起来了。

◎故事感悟

　　齐桓公能成为一代英主称霸诸侯，并不是偶然的。他深知人才对于治国的重要意义，决心招揽人才。他虚心听取齐东人的意见，最终使自己爱才惜贤之名远扬，招来了杰出的人才，成就了一番大业。

◎史海撷英

齐桓公的强兵之策

齐桓公治国期间，在国内实行军政合一、兵民合一的的措施，规定：士乡的

居民必须服兵役。每家出一人为士卒，每轨为一伍，伍由轨长率领。每里50人为一小戎，小戎由里司率领。每连200人为卒，卒由连长率领。每乡2000人为一旅，旅由良人率领。五乡一万人为一军，15乡共三军，桓公、国子、高子各率一军。农闲时训练，有战事时出征。这样，既提高了士兵的战斗力，也不需要再支付高额的养兵费用了。

　　另外，为了解决武器不足的问题，齐桓公还规定犯罪者可以用兵器进行赎罪。犯重罪的人还可以用甲和戟赎罪，犯轻罪的可以用盾和戟赎罪，犯小罪可以用金属赎罪，铜用来铸兵器，铁用来铸农具。诉讼成功，则要交一束箭。从此，齐国的兵器也逐渐充裕起来。

◎文苑拾萃

春秋战国门齐桓公

（唐）周昙

三往何劳万乘君，五来方见一微臣。

微臣傲爵能轻主，霸主如何敢傲人。

晋文公纳谏除奸

◎先民有言，询于刍荛。——《诗经·大雅·板》

> 晋文公（公元前697—前628年），姬姓，名重耳。与周王室同宗。春秋时期著名的政治家，晋国国君，春秋五霸之一。晋献公之子，因其父立幼子为嗣，曾流亡国外19年；后在秦国援助之下，于62岁时回国继位。在位9年去世。

春秋时期，重耳在秦国的帮助下，回到了晋国，即位成了国君，是为晋文公。

曾经在晋惠公手下做过大夫的吕省、郤芮等人，表面上投降了晋文公，可是暗地里却秘谋策划着杀死文公，另立他人为君。于是，他们找来曾捉拿过重耳的履鞮，欲与其结为同盟。

履鞮从吕家回来后，就找到狐偃，让他带自己去见晋文公。

晋文公听到履鞮来求见，便说："这是个罪人，能有什么国家大事呢？不见！怕是来解释当年杀我的事情，来求情的吧？"说完，就让卫兵把门外的履鞮臭骂了一顿。

履鞮听罢，哈哈大笑后说："君在外逃难19年，我还以为你能看透世事呢！献公是你的父亲，惠公是你的兄弟，你们父子之间尚且相互残杀，何况外人呢？君不见我，那就算了。只是晋国恐怕就要大难临头了！"

狐偃听出履鞮话中有话，便向晋文公进言说："我想履鞮一定有机密的大事求见您，您还是见他一面为好。"晋文公听罢，便召见了履鞮。

于是，履鞮就把吕省、郤芮准备焚宫造反的企图全都告诉了晋文公。

晋文公听罢，连夜制定策略，粉碎了叛乱。

95

◎故事感悟

　　晋文公的这次纳谏使他避免了一次宫廷政变，可以说是幸运的。事实告诉我们，以前对自己有过过激行为的人，只要不计前嫌、虚怀若谷，是会得到意想不到的帮助的。

◎史海撷英

晋文公伐原

　　晋文公准备起兵讨伐原国，便对身边的谋士说，七天要攻下原国，如果七天没有攻克，就命令士兵班师回朝。有个谋士进言说：原国就要被攻克了，请将士官吏再等待些时间。

　　文公答到：诚信，来立国之宝。得到原国而失去诚信这个宝物，我不能这样做。于是，文公便班师回朝了。

　　第三年，晋文公又去讨伐原国，与身边的谋士说，这次一定会得到原国再回来。原国的人听到这些，认为文公是以诚信治国，因此都纷纷归顺文公。最后，晋文公果然攻下了原国。

◎文苑拾萃

贤者之孝二百四十首·晋文公

（宋）林同

伐蒲君父命，校者是吾雠。
披直寺人耳，钥麑信有谋。

汉文帝纳谏废肉刑

◎千夫诺诺，不如一士之谔谔。——苏轼《讲田友直字序》

汉文帝刘恒（公元前203—前157年），汉高祖刘邦第四子，惠帝刘盈之弟，母薄姬，汉朝第五位皇帝，公元前180—前157年在位。他在位期间，继续执行与民休息和轻徭薄赋的政策，使汉朝从国家初定走向繁荣昌盛的过渡时期。后世将这一时期与其子景帝执政的时期统称为"文景之治"。公元前157年，汉文帝刘恒驾崩，享年46岁。葬于霸陵，庙号太宗，谥号孝文皇帝。汉文帝是《二十四孝》中"亲尝汤药"的原型。

　　淳于意是西汉初年诸侯国齐国的著名医生。他年轻时喜钻研医术，拜当时著名医学家公孙光为师，学习古典医籍和治病经验。高后八年时（公元前180年），公孙光又将淳于意推荐给临淄的另一位医学家公乘阳庆。当时，公乘阳庆已年过60岁，便收下淳于意为徒，让淳于意将过去所学的医方全部丢弃，然后将自己珍藏的《黄帝》、《扁鹊脉书》以及《药物方剂》等书传给他。三年后，淳于意出师四处行医，足迹遍及山东各地。

　　齐文王一直患有肥胖病，所以经常出现气喘、头痛、目不明、懒于行动等症状。淳于意听说后，认为文王是形气俱实，应当调节饮食，运动筋骨肌肉，开阔情怀，疏通血脉，以泻有余。可是，当时却有一位庸医施以灸法，使文王病情加重致死了。同时，赵王、胶西王、济南王等，也都曾请淳于意为其治病而未成。于是，王公贵族便诬陷淳于意"不为人治病，病家多怨之者"。官府听信诬告后，就把淳于意传到长安受刑。

　　当时的刑法十分残酷，老百姓犯了罪，重的要判死刑，轻的也要受到割鼻、砍脚等肉刑。受肉刑的人也因此成了残废，苦不堪言。尤其是蒙受冤屈的人，要带着肉刑留下的标志，永世无法昭雪。

淳于意没有儿子，只有五个女儿。临被押走时，他感慨地说："家中没有男丁，身受意外之灾，五个女儿，谁也救不了我！"

较大的四个女儿只知道哭哭啼啼，无法为父亲解忧排难。只有最小的女儿缇萦，虽然当时还不满10岁，但却挺身而出，激动地说："父亲，你不要看不起女儿，我一定想法子免除你的刑罚。"于是，她不顾几个姐姐的劝阻，陪同父亲跋山涉水，千里迢迢前往京城。

淳于意被关进大牢后，狱卒不准缇萦探监。于是，她就想直接面见皇帝，诉说父亲冤情，但又屡次被宫廷卫兵拦住。缇萦便决定以文代言，上书汉文帝。

她在文中诉说道："我叫缇萦，是太仓令淳于意的小女儿。我父亲做官的时候，齐地的人都说他是个清官。这回他犯了罪，被判处肉刑，我不但为父亲难过，也为所有受到肉刑的人感到伤心。一个人被砍去脚，就成了残废；被割去了鼻子，就不能再安上去。以后就是再想改过自新，也没有办法了。我情愿被官府没收为奴婢，替父亲赎罪，好让他有个改过自新的机会。"

缇萦的信写得虽然很稚嫩，但却情真意切，鞭辟入里。

汉文帝日理万机，当然不会重视缇萦的书信。但缇萦写信的事却很快在朝野中传开了，汉文帝也有所耳闻。他觉得这个小姑娘很勇敢，事情也很新鲜，于是就命人将信取来观看，看后他也被深深感动了。汉文帝十分同情这个小姑娘，又觉得她说的有道理，就召集大臣们，对大臣说："犯了罪该受罚，这是没有话说的。可是受了罚，也该让他重新做人才是。现在惩办一个犯人，在他脸上刺字或者毁坏他的肢体，这样的刑罚怎么能劝人为善呢？你们商量一个代替肉刑的办法吧！"

大臣们一商议，就拟定了一个办法：把肉刑改用打板子。原来判砍去脚的，改为打500板子；原来判割鼻子的，改为打300板子。汉文帝觉得这样可行，于是就正式下令废除肉刑。这样，缇萦不仅救了自己的父亲，还为天下人免除了灾祸。

◎故事感悟

汉初的统治者注重轻徭薄赋，保护劳动力，恢复生产，这在历史上是进步的。缇萦上书的初衷只是为解救自己的父亲，汉文帝本着爱民之心，不仅赦免了淳于意，而且进一步废除了肉刑，保护了社会劳动力，减轻了人民的痛苦。从这一方面说，他确实是一位较为开明的帝王。

◎史海撷英

汉文帝减省租赋

汉文帝时期，为了吸引农民归农，文帝便实行以减轻田租税率的办法来改变背本趋末的社会风气，激发农民的生产积极性。

文帝二年（公元前178年）和十二年（公元前168年），汉文帝曾两次"除田租税之半"，即租率由十五税一减为三十税一，即纳三十分之一的土地税。文帝十三年（公元前169年），还全部免去了田租。自此以后，三十税一便成为汉代的定制。此外，算赋也由每人每年120钱减至每人每年40钱。

汉文帝采取的这些举措，大大地减轻了农民的负担，有利于社会生产的快速恢复和发展。

◎文苑拾萃

《过秦论》

《过秦论》是西汉初年著名的政论家、文学家贾谊的政论散文的代表作。

全文分上中下三篇，着重从各个方面分析了秦王朝的过失，故名为《过秦论》。文章旨在总结秦国速亡的历史经验，以作为汉王朝建立制度、巩固统治的借鉴。

《过秦论》也是一篇见解深刻而又极富艺术感染力的文章，讲了秦自孝公以迄始皇逐渐强大的原因：具有地理的优势、实行变法图强的主张、正确的战争策略、几代人的苦心经营等等。行文中还采用了排比式的句子和铺陈式的描写方法，极尽夸张和渲染，造成一种语言上的生动气势，恰似秦人以排山倒海之势来统一六国一样不可阻挡。

刘秀封赏郅郓

◎最大的信任，就是对逆耳之言的信任。——冯雪峰

郅郓（生卒年不详），字君章。东汉初著名廉吏。汝南西平人。

刘秀在新莽末年的乱世中重兴了汉朝，建都洛阳。有一天，刘秀带领大队人马，浩浩荡荡的到洛阳东郊打猎。

刘秀一行人兴致勃勃，不知不觉天已大黑。回到洛阳上东门时，天色已晚，城门早已关闭。刘秀的侍卫只得高叫："皇上驾到，快快开门迎接！"

上东门的守门官名叫郅郓，为人非常正直。当听到皇上为了自己尽兴游猎而不顾朝廷禁令，夜呼城门时，非常生气，便站在城楼上回答道："根据国家禁令，夜间无紧急情况，一律不开城门！"

之后，任凭侍从在城门叫骂，甚至刘秀亲自解释，郅郓都是坚持执行禁令，闭门不开。刘秀无可奈何，绕到中东门才得以进城。

进城之后，刘秀气得七窍生烟，一夜无眠，只待第二天一早便传旨下去，除掉这个藐视皇帝的上东门守门官。

第二天一早，刘秀还没来得及传旨，便接到了郅郓送来的奏章。在奏章中，郅郓不仅没有认错的意思，反而义正辞严，指斥刘秀的错误。奏章写道："皇上把国家政务丢到一边，夜以继日地出城打猎，本身已给全国军民做了坏榜样，犯了大错。更为严重的是，无视国家夜晚不开启城门的禁令，把城防安全丢在脑后，强行夜启城门，更是错上加错。"

满朝文武听说这件事，都不禁替郅郓捏了一把汗。大家猜测，这个小守门官拒开城门已经冒犯了皇威，现在又上书指斥皇帝，只怕他脑袋就要搬家了。

谁知刘秀看了这封奏章之后，心中怒火不浇自灭。他深深感到，郅郓批评得十分有理，而且语重心长。自己如不听从郅郓的劝告，一意孤行，势必会给国家带来重大危害。想到这点，刘秀非常懊悔自己的过失，也十分感谢郅郓的指责。

早朝时，刘秀当着满朝文武的面，诚恳地检讨了自己的错误，并且宣布：中东门的守门官，为了讨好皇帝，不顾国家法令，深夜开启城门，应受到追究查办。而上东门的守门官郅郓，严守纪律，理应嘉奖，况且又上书朝廷，批评我的过错，更应受到赏封。故此，赏帛绢100匹，擢升为长沙太守。

满朝文武闻听此言，既对郅郓正直、无私的品德感到钦佩，更对刘秀闻过则喜、从善如流的高风亮节表示钦佩。

◎故事感悟

一个封建帝王，能容忍臣子对自己的"冒犯"、"刁难"，并诚恳地接受臣下对自己的批评，实在可贵。在整个事件中，刘秀并不是心无波澜，他也曾有过惩罚郅郓的念头，但最后仍能以国事为重，虚心纳谏，封赏郅郓，彰显了一代帝王的胸怀。

◎史海撷英

郅寿治冀州

郅寿是东汉初期著名廉吏郅郓的儿子。他与父亲一样有名，而且擅长著述文章，以廉洁、有才干而著称。

郅寿在任冀州刺史时，冀州境内有很多封国和亲王，他们的门客都目无法纪，行为十分不检点，屡犯国法。郅寿对这些人一律按章处置，从不宽恕。

郅寿还委派官吏住在各封国内，同时把督邮馆舍迁移设置在封国的王宫外，以察看亲王们的得失，并及时上报皇上，举报亲王的过失，弹劾他们的属官丞相。这样，各封国的亲王都十分畏惧郅寿，只得遵纪守法。郅寿任职三年，冀州上下一片太平。

◎文苑拾萃

光武台

（金）元好问

东南地上游，荆楚兵四冲。

游子十月来，登高送长鸿。

当年赤帝孙，提剑起嵩蓬。

一顾滍水断，再顾新都空。

雷霆万万古，青天看飞龙。

岿然此遗台，落日荒烟重。

谁见经纶初，指挥走群雄。

白水日夜东，石麟几秋风。

空余广武叹，无复云台功。

视直臣为宝的北魏太武帝

◎知屋漏者在宇下，知政失者在草野，知经误者在诸子。——《论衡·书解篇》

古弼（?—452年），北魏代郡（今张家口蔚县古家疃村）人。《魏书》有传，古弼好读书，又善骑射，很小就成为跟着君主出猎的猎郎，还出使过长安。因为称职，转门下奏事，又以聪敏正直而著称，很快就得到明元帝拓跋嗣的赏识。太武帝拓跋焘即位后，仍然很重用古弼。后来历任侍中、吏部尚书、典南部奏事，以至当到尚书令的位置，行使宰相的职权。

古弼生活于北魏时期，自小忠厚严谨，正直刚正。魏明元帝拓跋嗣曾赐其名"笔"，意为他像笔那样正直又有才能，所以人们尊称其为"笔公"。后来，明元帝又改其名为"弼"，是说他有辅佐国君的才能。

后来魏太武帝拓跋焘即位，古弼因功历任侍中、吏部尚书等职。太武帝太平真君五年（444年），有人上书，说御苑猎场用地太多，占用了百姓很多田地，建议将地还给百姓。古弼进宫要将此事上奏太武帝，碰巧太武帝正在同给事中刘树下棋，没有心思听取他的谏言。古弼在那里坐着等了很久，也没有机会说话，最后干脆站起来，责打刘树，说皇帝不理政事，都是他的过错。太武帝大惊失色，放下手中的棋道："不听你奏事，过错在我。刘树有什么罪？放了他。"古弼将上奏的事情说了，太武帝对他如此正直感到惊奇，全部同意了他上奏的事，将田地归还给了百姓。

古弼说："作为臣子在君王面前逞强，不能算是无罪。"于是脱帽光脚到公堂弹劾自己请罪。太武帝召见他，对他说："你穿好鞋帽吧。我听说臣子的本职就是耿直尽忠，公正办事，这是神赐给君王的福气。那么你又有什么罪呢？从今以后，只要有利于国家、方便百姓的事，就算再唐突过分，你都可以做，不要有所顾忌。"

太武帝有一次在河西地区围猎，下诏让古弼将肥壮的马分给骑兵，古弼却命令把瘦弱的马给他们。太武帝为此大怒，说回到京城后要先杀了他。手下的官吏都非常害怕被杀，古弼告诉他们，说打猎一事是小罪，如果边境有外敌侵犯之事是大罪，他是将肥壮的马都充实到军队中去了，以防止意外。并说只要对国家有利，自己即使被处死也心甘情愿，此事由他一人承担。太武帝听说后，赞叹道："有这样的臣子，是国家的宝啊！"遂赐古弼衣一袭、马两匹、鹿十头。

还有一次，太武帝在山北打猎，打到了很多麋鹿，下诏让人派50辆牛车来运。不久太武帝又对随从说："笔公肯定不会派车给我，你们不如用马运快一些。"往回走了几百里地，古弼的奏表果然到了，说："今年秋天谷物成熟，麻菽遍野都是，猪鹿偷吃，鸟雁损害，风雨侵蚀，早晚相差三倍。请求哀怜宽缓，使百姓得以收运粮食。"太武帝对身边的人说："笔公果然如我所料，真是为国家着想的臣子啊！"

◎故事感悟

为臣者以规谏和纠正君王的过失为己任，为君者贵在能够虚心纳谏，诚心改过，这才能成就明德，大治天下。古弼视直言规谏为尽忠尽责，太武帝虽有时也恼恨古弼，但他能以国事为重，视其为一国之"宝"，所以才能少犯错误。

◎史海撷英

明元帝托孤重臣古弼

明元帝拓跋嗣在位期间，古弼就在"门下奏事，以敏正著称"。明元帝晚年病重，太子拓跋焘开始监国，总理朝政，于是，明元帝就安排古弼"对综机要，敷奏百揆"，协助太子处理国家大事。

显然，明元帝这样说是因为欣赏和信任古弼。当然，古弼同样也得到了拓跋焘的欣赏和信任。后来拓跋焘即位后，便提拔古弼为侍中、吏部尚书、典南部奏事。

拓跋焘做皇帝近30年，古弼就在禁中工作了近30年，"端谨慎密，口不言禁中之事"。拓跋焘晚年，有意让太子拓跋晃"总摄万机"，并征调古弼为"东宫四辅"之一，再次让古弼辅佐太子处理国家大事，因"保傅东宫，有老成之勤"，官迁尚书令。

◎文苑拾萃

《魏书》

《魏书》由北齐的魏收所撰，是一本纪传体史书，内容记载了4世纪末至6世纪中叶北魏王朝的历史。共124卷，其中本纪12卷，列传92卷，志20卷。

北魏时期，原本有邓渊所撰的《代记》、崔浩所撰的《国书》等编年史，以及李彪、崔光等人改修的纪传体史书等，为魏收取材的资料，可惜今皆亡佚。魏收于天保二年（551年）奉诏撰魏史，五年（554年）完成。尽然有高隆之任总监，房延佑等六人协助斟酌，但该书主要还是由魏收执笔。

《魏书》这部著作有个非常明显的特点，也是它的重要性之所在，即它是我国封建社会历代"正史"中，第一部专门记载少数民族政权史事的著作。

李世民谏言建大唐

◎奔车朽索，岂可忽乎？君人者，诚能见可欲，则思知足以自
戒。——《谏太宗十思疏》

李渊（566—635年），字叔德，陇西成纪（今甘肃秦安县）人，唐朝开国皇帝。祖籍赵郡隆庆（今邢台市隆尧县）。祖父李虎，西魏时官至太尉。父李昞，北周时历官御史大夫、安州总管、柱国大将军。母为隋文帝独孤皇后姐，故特见亲重。武德九年（626年）六月初四，爆发了玄武门之变，李世民杀李建成和李元吉，李渊立其为太子。不久，李渊退位为太上皇，李世民即位。

唐高祖李渊本来是隋朝的贵族，靠继承祖上的爵位，当上了唐国公。617年，隋炀帝派他到晋阳（今山西太原）去当留守（官名），镇压农民起义。开始他也打过几个胜仗，后来看到起义军越打越强，越打越多，他也感到紧张起来了。

李渊有四个儿子，二儿子李世民那时候刚18岁，是个很有胆识的青年，平时喜欢结交有才能的人。人们也觉得他慷慨好客，喜欢跟他打交道。他看准隋朝的统治长不了，心里早有了自己的打算。

晋阳县令刘文静十分欣赏李世民，李世民也把他看作知心朋友。刘文静跟李密有亲戚关系。李密参加起义军以后，隋炀帝下令捉拿李密亲友。刘文静受到株连，被革了职，关在晋阳的监牢里。

李世民听到刘文静坐了牢，十分着急，赶到监牢里去探望。李世民拉着刘文静的手说："刘大哥，我来探望，不单是为了叙叙友情，主要是想请您帮我出个主意。"

　　刘文静早就知道李世民的心思。他说:"现在皇上远在江都,李密逼近东都,到处都有人造反,这倒是打天下的好时机。我可以帮您收集十万人马,您父亲手下还有几万人。如果用这支力量起兵,打进长安,号令天下,不出半年,就可以取得天下。"

　　李世民高兴地说:"您真说到我心里去了。"

　　李世民回到家里,想想刘文静的话,越想越觉得有道理。但是要说服他父亲,倒是个难题。正好在这个时候,太原北面的突厥可汗进攻马邑。李渊派兵抵抗,连续打败仗。李渊怕这件事被隋炀帝知道了,要追究他的责任,急得不知道该怎么办。

　　李世民抓住这个机会,就找李渊劝他起兵反隋。李渊一听,吓得要命,说:"你怎么说出这种没上没下的话来!要是我去报官,准会把你抓起来。"

　　李世民并不害怕,说:"父亲要告就去告吧,儿才不怕死呢。"

　　李渊当然不会真的去告发,只是叮嘱他以后别说这样的话。

　　第二天,李世民又找李渊说:"父亲受皇上的委派,到这里讨伐反叛的人。可是眼看造反的人越来越多,您能讨伐得了?再说,皇上猜忌心很重,就算您立了功,您的处境更加危险。只有照我昨天说的办,才是唯一的出路。"

　　李渊犹豫了许多时候,才长叹一口气说:"昨天夜里,我想想你说的话,也有道理。我也拿不定主意。从现在起,是家破人亡,还是能化家为国,就凭你啦!"

　　李渊把刘文静从晋阳监牢里放了出来。刘文静帮助李世民,分头招兵买马。李渊又派人把正在河东打仗的另两个儿子李建成和李元吉召了回来。

　　太原的两个副留守看到李渊父子的举动反常,想出来阻挠。李渊借口他们勾结突厥,把他们抓起来杀了。

　　李渊又听从刘文静的计策,派人备了一份厚礼,到突厥可汗那里讲和,约他一起反隋。突厥可汗觉得这样做对自己有好处,就答应帮助李渊。

李渊稳住突厥这一头，就正式起兵反隋。李渊自称大将军，派李建成和李世民分别做左右领军大都督，刘文静做司马，又把兵士都称为"义士"。他们带领三万人马离开晋阳，向长安进军。一路上继续招募人马，并且学农民起义军的做法，打开官仓发粮给贫民。这样一来，应募的百姓就越来越多了。

唐军到了霍邑（今山西霍县），遭到隋朝将军宋老生的拦击。霍邑一带道路狭隘，又正赶上接连几天大雨，唐军的军粮运输中断了。兵士中还纷纷传说突厥兵正准备偷袭晋阳。李渊动摇起来，想撤兵回晋阳去。

李世民对李渊说："现在正是秋收季节，田野里有的是粮食，哪怕缺粮！宋老生也没有什么可怕。我们用义兵的名义号召天下，如果还没打仗就后撤，岂不叫人失望？回到晋阳，是断断没有生路的。"

李建成也支持他弟弟的主张。李渊这才改变了主意，取消了撤兵的打算。

八月的一天，久雨刚刚放晴。唐军一早沿着山边小路，急行军来到霍邑城边。李渊先派建成率领几十个骑兵在城下挑战。宋老生一看唐军人少，亲自带了三万人马出城。李世民带兵居高临下从南面山头冲杀下来，把宋老生的人马冲得七零八落。宋老生急忙回头想逃回城去。李渊的兵士已经占了城池，把城门关得紧紧的。宋老生走投无路，被唐军杀了。

唐军攻下霍邑以后，继续向西进军，在关中的农民军的配合下，渡过黄河。留在长安的李渊的女儿也招募了一万多人马，号称"娘子军"，响应唐军进关。

李渊集中了20多万大军攻打长安，守在长安的隋军要想抵抗也没用了。李渊攻下长安以后，为了争取民心，宣布约法12条，把隋王朝的苛刻法令一概废除，并且暂时让隋炀帝的孙子杨侑做个挂名的皇帝。

第二年（618年）夏天，从江都传来了隋炀帝被杀的消息，李渊才把杨侑废了，自己即位称帝，改国号为唐。从此，一个辉煌的唐王朝来临了。

◎故事感悟

　　李渊虽有建功立业的志向，但又不免优柔寡断，把握不住时机。在关键时刻，李世民的进谏起了非常重要的作用。李世民对世事了解得非常透彻，进谏一语中的，策略切实可行，极大地加快了统一天下的步伐。

◎史海撷英

娘子军

　　唐高祖李渊的第三个女儿平阳公主（后来的封号），地位低微时嫁给了柴绍。李渊率兵起义，柴绍便和平阳公主商量说："你父亲想平定混乱的天下，我想投奔他。一起离开不可行，我独自走后又害怕你有危险，到底应该怎么办呢？"

　　平阳公主说："你最好赶快离开。我虽是女子，但到那时也会自己想办法的。"于是，柴绍立刻秘密赶往太原投奔李渊。

　　随后，平阳公主回到鄠县（今陕西户县），拿出家中的积蓄，组建了一支军队来响应李渊。士兵有七万人之多，被人称作"娘子军"。后来，平阳公主和李世民一齐包围、攻下了长安。唐王朝建立后，李渊将自己这位才略出众的爱女封为"平阳公主"。

　　"娘子军"一词，后来泛指由女子组成的队伍。其中最著名的是中国共产党在第一次国内革命战争期间领导的海南"中国工农红军第二独立师女子特务连"，即著名的"红色娘子军"。

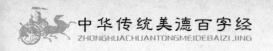
中华传统美德百字经
ZHONGHUACHUANTONGMEIDEBAIZIJING

◎文苑拾萃

饮马长城窟行

（唐）李世民

塞外悲风切，交河冰已结。

瀚海百重波，阴山千里雪。

迥戍危烽火，层峦引高节。

悠悠卷旆旌，饮马出长城。

寒沙连骑迹，朔吹断边声。

胡尘清玉塞，羌笛韵金钲。

绝漠干戈戢，车徒振原隰。

都尉反龙堆，将军旋马邑。

扬麾氛雾静，纪石功名立。

荒裔一戎衣，灵台凯歌入。

谏 · 能谏则诚

第三篇

知难而谏，大义凛然

师旷目盲心明

◎君之所以明者，兼听也；君所以暗者，偏信也。——《潜夫论·明暗》

> 师旷（约公元前572—前532年），生活在晋悼公、晋平公执政时期，字子野。山西洪洞人，春秋时著名乐师。他生而无目，故自称盲臣、瞑臣，为晋大夫，亦称晋野。博学多才，尤精音乐，善弹琴，辨音力极强，以"师旷之聪"闻名于后世。他艺术造诣极高，在政治上也有自己的主张，敢于直言不讳，颇受后人敬重。

师旷是春秋时期晋国著名的音乐家和政治活动家。师旷虽说是个盲人，但他精通音律，琴艺尤为超凡，十分神奇。当师旷弹琴时，马儿会停止吃草，仰起头侧耳倾听；觅食的鸟儿会停止飞翔，翘首迷醉，丢失口中的食物。晋平公见师旷有如此特殊才能，便封他为掌乐太师。

有一次，晋平公新建的王宫落成了，要举行庆祝典礼。卫灵公为了修好两国关系，就率乐工前去祝贺。

一行人来到晋国的边城，晋平公就在新建的王宫里摆上丰盛的筵席，热情地款待贵宾。在宴会上，卫灵公观赏晋国的歌舞后，就命师涓演奏曲子为大家助兴。

师涓为了答谢晋国的盛情款待，便遵命理弦调琴，使出浑身解数弹奏起来。随着他的手指起落，琴声就像绵绵不断的细雨，又像是令人心碎的哀痛哭诉。坐在陪席上的晋国掌乐太师师旷本来是面带微笑的，可是不一会儿，他脸上的笑容就渐渐消失了，神色也越来越凝重。

师涓刚将曲子弹到一半，师旷就忍不住了。他猛地站起身来，断然喝道："快停住！这是亡国之音啊！千万弹不得！"

卫灵公原本是来给晋平公祝贺的，听师旷掌乐太师这么一说，吃惊地愣住了。师涓更是吓得不知所措，十分尴尬地望着卫灵公。

晋平公见喜庆之时，本国掌乐太师突然插了一杠子，弄得卫国国君一行人都下不了台，就责备师旷说："这曲子好听得很，你怎么说它是亡国之音呢？"

师旷严肃地说："这是商朝末年乐师师延为暴君商纣王所作的靡靡之音。后来，商纣王无道，被周武王讨灭了。师延自知助纣为虐害怕处罚，就在走投无路的时候，抱着琴跳进濮河自尽了。所以，这首曲子很不吉利，谁要沉醉于它，谁的国家就定会衰落。故而不能让师涓奏完这支曲子。"

晋平公很不以为然地说："早已改朝换代了，我们现在演奏，又有什么妨碍呢？你还是让乐师弹下去吧！"

师旷摇摇头，执拗道："佳音美曲可以使我们身心振奋，亡国之音会使人堕落。主公是一国之君，应该听佳音美曲，为什么要听亡国之音呢？"

还有一次，晋平公与臣子们在一起喝酒。酒兴正浓时，晋平公得意地说："哈哈！没有谁比做国君的更快乐的了！因为他的话谁都不敢违背！"

当时，师旷正在旁边陪坐。听了晋平公的这句话后，便拿起琴朝他撞去。晋平公连忙收起衣襟躲让，琴在墙壁上撞坏了。晋平公大声喊道："太师，您撞谁呀？"

师旷故意答道："刚才有个小人在胡说八道，因此我气得要撞他。"

晋平公说："说话的是我嘛，哪里有什么小人！"

师旷说："哟！这可不是做国君的人应说的话啊！"

左右臣子都认为师旷犯上，要求惩办他。晋平公却说："放了他吧，我要以此作为鉴戒。"

◎故事感悟

师旷不仅是一位造诣极深的乐师，更是一位品行高洁的正直之士。在宴会上，他不怕触怒国君，坚决制止"靡靡之音"；国君说出无道之言时，他甚至不顾性命，以琴相搏。他的刚烈之举千百年后仍令人感慨不已。

◎史海撷英

师旷以国为重

师旷任职期间，在政治上主张为政清明，德法并重，国君应"务在博爱"。同时，他还建议国君还应借助法令来维护统治，"法令不行"，则"吏民不正"。

在用人方面，师旷主张对德才兼备者应该委以重任。如果"忠臣不用，用臣不忠，下才处高，不肖临贤"，就会埋下乱政的隐患。

在经济上，师旷主张富国强民，民富才能政平。

此外，师旷还主张"广开耳目，以察民情"，使百姓之冤有处申诉。他还提出"不固溺于流俗，不拘系于左右"的主张，认为国君应"廓然远见，踔然独立"，这样才能避免失误，在治国方面有所作为。师旷的治国宏论也是他的政治理想的反映，其见地可谓精辟之至。

◎文苑拾萃

师旷劝学

晋平公问于师旷曰："吾年七十，欲学，恐已暮矣。"

师旷曰："何不炳烛乎？"

平公曰："安有为人臣而戏其君乎？"

师旷曰："盲臣安敢戏其君？臣闻之：少而好学，如日出之阳；壮而好学，如日中之光；老而好学，如炳烛之明，孰与昧行乎？"

平公曰："善哉！"

译文：

晋平公年老的时候，有一次对师旷说："我年纪七十想要学习，恐怕已经晚了！"

师旷回答说："为什么不秉烛而学？"

平公说："哪有做臣子的戏弄他的君王呢？"

师旷回答说："我怎敢戏弄我的君主呢！我听说过：年少时喜欢学习，就像是太阳刚刚出来时的阳光；壮年时喜欢学习，就像是正午时的光芒；老年时喜欢学习，就像是点燃蜡烛照明一样。点燃蜡烛照明和摸黑走路比哪个更好呢？"

平公叹服地说："说得好啊！"

侯生谏秦始皇

◎人主自臧，则众谋不进。——《资治通鉴·周安王二十五年》

> 侯生（生卒年不详），本为韩国人，秦始皇的顾问，著名方士，与徐福、卢生齐名。

侯生是秦始皇信任的方士。秦始皇三十二年（公元前215年），秦始皇曾派侯生与韩终、石生"求仙人不死之药"。

韩终、石生都是秦时的方士。据说韩终曾经不穿衣服，只着菖蒲（一种植物），长达三年之久，以致身上都生了毛，以后冬天再冷他也不怕，还说他能"日视书万言"，并且都能背诵出来。石生则仅见于《史记·秦始皇本纪》之中。接受秦始皇的命令后，二人便均不知所终。

侯生虽然受到秦始皇的信任，但他知道，自己是在提着脑袋过日子，弄一些连他自己都不相信的东西来欺骗秦始皇，早晚是要被识破的。于是，秦始皇三十五年（公元前212年），侯生与另一个方士卢生合计，决定"三十六计走为上"，逃跑了。

在临行前，他们还散布了很多秦始皇不爱听的话："始皇为人，刚戾自用；灭诸侯，并天下，意得欲纵，以为自古没人比得上自己；专任狱吏，狱吏得亲幸；博士虽70人，只是备员而不用；丞相诸大臣都是接受已经决定好的事情，在皇上的指示下进行办理。皇上乐以刑杀为威，天下都畏罪持禄，不敢尽忠。皇上听不到自己的过错，一天比一天骄傲，臣下则慑伏谩欺以取容。秦法，不得一个人兼行两种巫术，不灵验的就处死。但是候星气占卜者多达300人，都是良士，他们畏忌讳谀，不敢直言皇上的过错。天下之事无论大小都由皇上来决断，皇上批阅文件用衡石来称量，每天都有限额，不达到定额不休息，贪恋权势到如此程度，不可以为他求仙药。"这番话的结果，导致了460余方士被坑杀的悲剧。

侯生、卢生也都知道，自己是犯了死罪，为了缩小目标，他们便分头逃亡。卢生一去便再无音信，而侯生却不知何故，最后壮着胆子又回来了。

秦始皇得知侯生回来了，立即下令将他拘来见自己，准备痛骂一顿后再将他车裂处死。为此，秦始皇做了一番精心的准备，特意选择在四面临街的阿东台上怒斥侯生。这里可以让许多人都看得见、听得着，从而起到杀一儆百的作用。当始皇远远望见侯生走过来时，便怒不可遏地骂开了："你这个老贼！居心不良，诽谤主上，竟还敢来见朕！"周围的侍者知道，侯生今天是活不成了。

侯生被押到台前，仰起头来，说："臣闻，知死必勇。陛下肯听我一言吗？"

始皇道："你还想说什么？快说！"

于是，侯生说道："臣闻：大禹曾经树起一根'诽谤之木'，以获知自己的过错。如今陛下为追求奢侈而丧失根本，宫室台阁，连缀不绝；珠玉重宝，堆积如山；锦绣文彩，满府有余；妇女倡优，数以万计；钟鼓之乐，无休无止；酒食珍味，盘错于前；衣裘轻便暖和，车马装饰华丽。所有自己享用的一切，都是华贵奢靡，光彩灿烂，数不胜数。而另一方面，黔首（指百姓）匮竭，民力用尽，您自己还不知道。对别人的指责却恼怒万分，以强权压制臣下，所以臣等才逃走。臣等并不吝惜自己的性命，只是惋惜陛下之国就要灭亡了。听说古代的圣明君主，食物只求吃饱，衣服只求保暖，宫室只求能住，车马只求能行，所以上没有看到他们被天所遗弃，下没有看到被黔首抛弃。尧讨茅屋顶不修葺，栎木房椽不砍削，夯土三级为台阶，却能怡乐终身，就是因为少用文采、多用淡素的缘故。丹朱（尧之子）傲慢肆虐，喜好淫逸，不能修理自身，所以未能继承君位。如今陛下之淫，超过丹朱万倍，甚于昆吾（夏的同盟者）、夏桀、商纣千倍。臣恐怕陛下有十次灭亡的命运，而没有一次存活的机会了。"

听了这番话，始皇默然良久，之后缓缓说道："你为何不早言？"

侯生回答："陛下的心思，正在飘然地欣赏着自己的车马服饰旌旗之物，且自认有贤才，上侮五帝，下凌三王；遗弃素朴，趋逐末技，陛下灭亡的征兆已经显露很久了。臣等都怕说出来惹得陛下不高兴，反而是自己送死，所以逃亡离去而不敢言。现在，臣知道必定要死了，才敢向陛下陈述这些。这番话虽然不能使陛下不灭亡，但要让陛下知晓明白为何灭亡。"

始皇问道："我还可以改变这一切吗？"

侯生回答："已经成形了，陛下就坐以待毙吧！如果陛下要想有所改变，能够做到像尧和禹那样吗？如果不能，改变也毫无意义。陛下的佐助又非良臣，臣恐怕即使改变，也不能保存了。"始皇听后长长地叹了一口气，下令将侯生放掉。

◎故事感悟

故事发生在秦始皇统治末期，虽然秦始皇当时不过四十六七岁，尚属英年，但他已经取得了骄人的功绩，头脑发热，目空一切，犹如侯生所说，不太能清醒地正视自己。面对这样的最高当权者，侯生将生死置之度外，将对方的错误一一指出，自有一种誓死如归的风骨和气节。

◎史海撷英

徐福东渡求仙

徐福的事迹，最早见于《史记》中的《秦始皇本纪》和《淮南衡山列传》。

据《秦始皇本纪》中记载，秦始皇希望自己能够长生不老。秦始皇二十八年（公元前219年），徐福上书说，海中有蓬莱、方丈、瀛洲三座仙山，有神仙居住。于是，秦始皇就派徐福率领童男童女数千人，以及已经预备了三年的粮食、衣履、药品和耕具等入海求仙，可谓耗资巨大。

然而，徐福率众出海多年，也没有找到神山。秦始皇三十七年（公元前210

年），秦始皇东巡至琅玡，徐福推说出海后碰到巨大的鲛鱼阻碍，无法远航，要求增派射手对付鲛鱼。秦始皇应允，又派遣射手射杀了一头大鱼。后来，徐福再度率众出海。

这次出海后，徐福来到了"平原广泽"（可能是日本九州岛）。他感到当地气候温暖，风光明媚，人民友善，便"止王不来"，停下来在这里自立为王了，并教当地人农耕、捕鱼、捕鲸和沥纸等方法，不再回来了。

◎文苑拾萃

秦始皇

（宋）王安石

天方猎中原，狐兔在所憎。

伤哉六孱王，当此鸷鸟膺。

搏取已扫地，翰飞尚凭凌。

游将跨蓬莱，以海为丘陵。

勒石颂功德，群臣助骄矜。

举世不读易，但以刑名称。

蚩蚩彼少子，何用辨坚冰。

敢讲真话的季布

◎人主贤，则人臣之言刻。——《吕氏春秋·达郁》

> 季布（生卒年不详），秦末楚人，任侠有名，为霸王项羽帐下五大将之一，后归汉朝。

季布是秦末汉初的著名侠士，他一向说话算数，信誉非常高，许多人都同他建立起了深厚的友情。当时甚至流传着这样的谚语："得黄金百斤，不如得季布一诺。"季布早年在项羽部下效力，曾多次领兵围困刘邦，导致刘邦很狼狈。项羽兵败垓下，刘邦当了皇帝，季布隐名埋姓躲在朋友家里。刘邦悬赏千金买季布的人头，但他旧日的朋友不仅不被重金所惑，而且冒着灭九族的危险来保护他，使他免遭祸殃。后来还有朋友辗转托人，才使他得到刘邦的赦免，在汉朝做了郎中。

按照常理，季布应该十分珍惜现在的地位，处处谨小慎微才对。但季布生就一副耿直的性子，无论什么时候都敢于说实话。

汉惠帝时，匈奴势力强大，单于倚仗精锐骑兵，常常欺侮汉朝，侵扰边境，掠夺财物人口。有一天，吕后收到单于的一封信，信中对吕后说了不少谩骂污辱的话。吕后当时朝政大权在握，她哪里容得别人这样出口不逊？发了一顿脾气后，立即召集武将商议对策。

上将军樊哙大言不惭地说："我愿得10万兵，横行匈奴中。"

参加会议的将领都明白吕后的意图，明知这是不可能的事，却都曲意逢迎，纷纷顺水推舟地说："樊将军所言极是。""上将军虎胆神威，当年项羽还惧三分，小小的匈奴算得了什么？""汉军天威神助，匈奴必望风而逃。"

眼看意见一边倒，吕后就要拍板，下令出兵了。这时，季布站出来唱反调："樊哙应当斩首！当年高祖刘邦率40万大军，还被匈奴围困在平城达七天之久。幸亏有陈平的妙计，才从平城突围出来。当时樊哙也在军中，不是不知道匈奴的厉害。现在樊哙竟夸下海口，想领10万兵横行匈奴，这是当面欺蒙圣上。我们不要忘记，秦朝正是由于防御匈奴，修筑长城，搞得人困马乏，民生凋敝，结果闹出了陈胜起义，导致灭亡的。现在汉朝饱经战乱，百姓生计艰难，正需要休养生息。樊哙鼓动这时候出兵对匈奴作战，是何居心？岂不是要动摇国家的根基吗？"

季布说罢，众将吓得噤若寒蝉，面面相觑，不知所措。

原来，樊哙是刘邦的同乡，本来是杀狗的屠户，跟随刘邦南征北战，立下赫赫战功。鸿门宴上，若不是樊哙在项羽面前吃生肉、喝大酒，全力保驾，刘邦很难脱身。刘邦死后，吕后专权。樊哙娶吕后的妹妹为妻，是吕后的心腹干将。樊哙虽然是一勇之夫，但在当时也是炙手可热的权贵，谁敢说个不字？何况季布做过项羽部将，还多次围困过刘邦。说得再有道理，也没人敢支持。

还是吕后头脑清醒，她知道季布说的全是实话。当时的形势对汉朝不利，如果当真出兵去打匈奴，恐怕要闹出乱子。于是宣布退朝，不再商议出兵匈奴的事了。

季布后来做了河东守。汉文帝即位后，有人推荐季布，汉文帝立刻召见了季布，打算任命他为御史大夫，负责监察工作。可是这时又有人对汉文帝说季布酗酒，就没有任命季布。季布留在京城一个多月，没见动静，知道有人说坏话，就对汉文帝说："我在河东工作，陛下无缘无故地召见我，一定是有人在您面前说我的好话，蒙骗您；现在，我到了京城，又不任命我，一定是有人说我的坏话了。您身为皇帝，仅凭一个人的赞誉就召见我，又凭一个人的诋毁就斥退我，恐怕天下有识之士要非议您轻率了。"一席话说得汉文帝感到很惭愧，沉默了很久，才自我辩解地说："河东是我特别重视的地方，所以

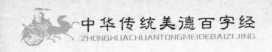

召见你。"

于是季布就辞别了皇上，回到了河东郡守的原任。

◎故事感悟

"得黄金百斤，不如得季布一诺。"这句话充分说明了季布的厚道为人。对于国家，他同样有高度的责任心。为了国家大局，季布敢面斥权贵樊哙，直言皇帝的过错，丝毫不为自己的前途、安危考虑。他的耿直之性和忘我之心令人钦佩。

◎史海撷英

朱公荐举季布

刘邦称帝后，派人到处追捕季布。季布为了避祸，就躲在朱家做奴隶。后来，朱公求见汝阴侯夏侯婴，便问："季布犯了什么大罪，皇上追捕他这么急迫？"

夏侯婴说："季布多次替项羽逼迫皇上，皇上怨恨他，所以一定要抓到他才罢休。"

朱公说："您看季布是怎样的一个人呢？"

夏侯婴说："他是一个有才能的人。"

朱公说："做臣下的各受自己的主上差遣，季布受项羽差遣，这完全是分内的事。项羽的臣下难道可以全都杀死吗？现在，皇上刚刚夺得天下，就仅凭个人的怨恨去追捕一个人，为什么要向天下人显示自己的器量如此狭小呢？再说，凭季布的贤能，汉王朝追捕又如此急迫，这样，他不是向北逃到匈奴去，就是要向南逃到越地去了。这种忌恨勇士而去资助敌国的举动，就是伍子胥所以要鞭打楚平王尸体的原因了。您为什么不寻找机会向皇上说明呢？"

夏侯婴知道，朱公是一位大侠客，现在说出这样的话，那么季布一定就隐藏在他那里，便答应说："好。"后来，夏侯婴等待机会，按照朱公的意思向刘邦奏明，刘邦便赦免了季布。

◎文苑拾萃

送李中丞、杨判官

（唐）李嘉祐

射策名先著，论兵气自雄。

能全季布诺，不道鲁连功。

流水蒹葭外，诸山晡晚中。

别君秋日晚，回首夕阳空。

龚遂勇谏无道君

◎人欲自见其形，必资明镜；君欲自知其过，必待忠臣。——《资治
通鉴·唐太宗贞观元年》

> 龚遂（生卒年不详），字少卿。山阳南平阳（今山东邹县）人。曾为昌邑王刘贺的郎中令，宣帝时任渤海太守，境内大治。后官至水衡都尉，以勇于谏诤、为政清廉而闻名，后世把他与黄霸作为封建"循吏"的代表，合称为"龚黄"。

龚遂是西汉时期人，他为人忠厚，刚毅有节操，因通晓儒学而做了昌邑王刘贺的郎中令。

龚遂见刘贺整日只知道寻欢作乐，不修品德，其手下也大多都是阿谀逢迎、助其为恶之人，就想联合官员们一起向刘贺进谏。他对那些官员们说："大王任性放纵，我等听之任之，不使大王迷途知返，这是为臣者最大的失职啊。"

可是，那些官员对此却冷眼视之。有的说："大王有大王的安排，你危言耸听，就不怕大王先治你的罪吗？"和龚遂友善的人也私下劝他说："天下是刘氏的天下，为王者嬉戏无度，这也许就是他们应有的快乐吧。眼下人人心知肚明，之所以无人进谏，不过是怕给自己招祸罢了。"

龚遂见无人应和，就想：即使只有我一个人也要对大王说真话，劝谏大王。

第二天，龚遂便入朝见刘贺。此时，群臣都环绕其身，刘贺正兴致勃勃地玩着打斗的游戏。龚遂眉头紧皱，直上前去，一下跪在刘贺面前，放声便哭，声震厅堂。刘贺一惊，群臣也都面面相觑。

刘贺很生气，厉声道："你无故哭号，坏我兴致，你当真不怕死吗？"

龚遂抽泣着说："臣死不足惜，但请容臣将话说完。大王亲近小人，不事正业，上坏朝纲，下毁清誉，如此下去，国之将亡了，您不可以不谨慎啊！臣闻'道德不厚者，不可以使民'，请允许我选择一些通经术有道德的侍从郎官与您共处，平时起居多诵读诗书，熟悉礼仪，应该大有益处。臣不敢言忠，却未忘汉室的天恩，今出言冒犯大王，恳请大王纳谏。"

刘贺听完，冷笑着说："你是要陷我于不义啊，这也是忠臣所为吗？我暂时不杀你，却也不能任你以下犯上。"于是下令责打龚遂。有同情龚遂的几位大臣苦苦求情，龚遂才免受酷刑。

汉昭帝去世后，因其无子，昌邑王刘贺便继承了皇位。消息传来，王宫中一片欢腾，人人都喜不自禁，唯独龚遂闻听之后更加忧虑。他对家人说："无德者窃居高位，这并不是件好事啊。天子之位尊崇无比，人人注意，似大王无德无能，荒唐放纵，纵是恃势而为，又岂能长久？最后终成祸事。"

家人听了，劝龚遂干脆辞官不做算了，龚遂却摇摇头说："为臣者虽知凶险，又怎能弃大王于不顾？大王身边尽是谄媚之人，有我在或可让大王有所收敛，消解此难。"

龚遂随刘贺入京后，不时地苦劝刘贺，常常跪地不起。刘贺越来越讨厌他，便再也不准他进见了。龚遂便上书言事，仍不罢手。

昌邑王即位27天，便因淫乱放纵而被废。昌邑群臣被杀死的有200多人，他们的罪名都是陷王于不道。而龚遂因诤谏不止，忠心可嘉，朝廷特许他免于一死。

汉宣帝即位后，龚遂被任命为渤海太守。龚遂上任后，将渤海郡治理得井井有条，富裕繁荣，受到了人们的赞誉。

◎故事感悟

龚遂为人耿介，不以自己的前途、安危为念，力谏无道之君，虽未能使昌邑王改弦易辙，但却让人认识到了正直、正义的力量。

◎史海撷英

龚遂治理渤海郡

汉宣帝在位期间，渤海郡盗贼横行，民生凋敝，于是有人就推荐龚遂治理渤海郡。

龚遂只身赴任，到了渤海郡后，命令所属的县将专管追捕盗贼的官吏统统撤除。那些手拿农具的人都是良民，官吏不得对他们问罪；携带兵器的人，才属于盗贼，盗贼于是停止了活动。

龚遂打开粮仓，把粮食都借给贫民，还选任了一些好的官吏对百姓进行安抚管理。他自己也以身作则，生活俭朴，鼓励百姓务农。

经过几年的治理，渤海郡内家家有积蓄，官民都富裕起来，社会也日益安定，百姓也不再打官司了，龚遂由此名声大振。

◎文苑拾萃

龚 遂

（宋）徐钧

带牛佩犊俗难平，喜得公来便息兵。

最是有功能不伐，君前犹自逊王生。

以死相谏，感悟君主

◎义之所在，贱不可忽。——苏舜钦《乞纳谏书》

张昭（156—236年），字子布。彭城（今江苏徐州）人。三国时期吴国重臣，著名政治家。官至辅吴将军，谥曰文侯。

熟悉三国故事的人都知道，吴国有一个反对联合刘备抵抗曹操的谋臣，名叫张昭。但很少有人知道他曾冒死进谏，感悟孙权。

东汉末年，战争频仍，民不聊生，张昭避难扬州。当时孙策正在创立东吴大业，见张昭为人忠厚，并且有才干，就委以重任，选用他作长史，文武大事一概托付给他办理。原为普通人的张昭为报孙策知遇之恩，恪尽职守，勤勉不息，鼎力辅佐孙策，使东吴的事业蒸蒸日上。

英雄命短，在兴亡存废的关键时刻，孙策早逝。孙策在临终前，特意在卧帐内召见张昭，对他说："我死后，我的弟弟就托付给你了，请你倾全力辅佐他。你们要并力同心，共图吴国大业！"张昭挥泪向孙策言道："请君主放心，我会忠心辅弼仲谋（孙权的字）的！"

孙策死后，张昭以自己的威望率领众臣拥戴孙权为君主，做了许多安抚工作，使吴国很快稳定下来。

有一次，辽东太守公孙渊派使者到东吴，表示愿意向东吴称臣。孙权听后十分欣喜，不假思索，就想立即派人去辽东封公孙渊为燕王。

张昭得知后，急忙赶到孙权那里，对孙权说："公孙渊这个人反复无常，靠不住。他新近惹怒了魏国，因惧怕魏国，才远道而来，欲和我们结交，称臣并不是他的本意。如果公孙渊一旦改变主意，投靠魏国，那么我们派去的使臣就成了他的见面礼，我们东吴也将成为人们的笑柄。"

孙权不同意张昭的看法，两个人争辩得面红耳赤。孙权最后按捺不住了，按着刀柄怒气冲冲地说道："吴国的士人入宫则拜见我，出宫则拜见你，我对你的器重也到了无以复加的程度，可是你却多次在大庭广众之下让我难堪，我真担心有一天会因为不能容忍而杀死了你。我的主意已定，任何人都不得忤逆我。如果你再执意激怒我的话，我恐怕要做出控制不住自己的事情了！"

张昭这时也激动地说道："我出于一片愚忠直言劝谏，实在是由于你哥哥临终的嘱托呀！"说着就痛哭起来，哭得泪水横流。见张昭如此，孙权木然地站在那里，不知道说什么好。

最终孙权还是派人去了辽东。张昭见孙权如此一意孤行，十分气愤，于是假托有病，不去上朝。这一举动更加惹怒了孙权，他就派人用土封住了张昭家的大门，表示永远不再用他为官。张昭看孙权把他家门堵了，非常气愤。他也不示弱，索性在院里用土封住了门，表示永远不出门为孙权办事。

不久，公孙渊果然杀了东吴使臣，消息传回吴国，孙权知道自己错了，感到愧对张昭，决定亲自去向他道歉。

这一天，孙权很早就来敲张昭的家门。张昭推托病重在床，不见孙权。

孙权又几次派人前去，都吃了闭门羹。继续叫门，干脆没人搭理了。

怎么办呢？孙权灵机一动，就派人放火烧张昭府上的大门。他想，大火一着起来，张昭还不往外跑？到那时，自己不就看见他了吗？

孙权觉得自己的主意不错。没想到，张昭看见孙权放火烧门，索性把大门关死，等着大火把他烧死。

孙权一看这招不灵，大惊失色，真怕火着起来把张昭烧死，于是慌忙下令扑火。

在烟火弥漫的大门外，孙权久久地站立着。他回想着和张昭并肩战斗、休戚与共的日日月月，回想张昭为帮助自己建立东吴呕心沥血、不畏权势肝脑涂地的件件往事，深恨自己办错了事，伤害了这位股肱之臣一颗火热的心。

他越想越后悔，越想越伤心，事到如今，想进不能，想退不是，真难办啊！

孙权在门口暗暗责备自己，站着就是不走。张昭的儿子一看再僵持下去也太不像话了，就连劝带拉硬逼着父亲出来见孙权。孙权一看张昭终于出了门，不禁喜出望外，抢先一步赶上前去，一把扶住了这位白发苍苍的老臣，诚恳地请他到宫中一叙。

张昭来到宫里，孙权向张昭承认了错误，并表示今后要尊重他的意见，搞好君臣关系。张昭见孙权这样诚心诚意，满肚子的闷气顿时一扫而光，就又继续上朝了。他照样直言相谏，忠心耿耿地辅弼孙权。张昭死后，家人遵照他的遗嘱，只用一条白绢束头，用粗糙的棺木盛殓了他。出殡那天，孙权身着白色衣服亲临吊唁。

◎故事感悟

在君主专制下，进谏逆耳忠言是要冒极大危险的。张昭冒死进谏，虽然未能阻止孙权的失误，但却能促使孙权弥补自己的过失，不失忠臣本色。

◎史海撷英

张昭不念旧恶

张昭年轻的时候，徐州刺史陶谦举荐他为茂才，张昭不应举，陶谦便认为张昭是看不起自己，一气之下就把张昭抓了起来。幸好有赵昱等人的极力营救，张昭才得以释放。

但是，后来陶谦死后，张昭还专门写了一篇祭文来悼念他，对陶谦治理徐州时期的功绩给予了客观公正的评价。可见，张昭是个不念旧恶、品德高尚的人。

刘毅直言不讳

◎志毋虚邪，行必正直。——管仲

刘毅（?—285年），字促雄。西晋东莱掖（今山东莱州）人。刘毅年轻时便立志做一个超凡脱俗的清官。在那个"口不臧否人物"的年代，他却十分热衷于品评人物。他不避权贵，敢于大胆指斥朝政，以致"王公贵人望风惮之"。

晋武帝司马炎统一天下后，结束了自东汉末年以来约100年的分裂割据局面，在历史上是有一定功绩的。然而，以司马炎为首的西晋统治集团，也是相当昏庸腐朽的。黑暗的现实，引起了正直人士的极大不满，他们勇敢地跟豪门大户作斗争，并且直言不讳地向司马炎提出意见。司隶校尉刘毅，就是这样一位正直人士。

刘毅是汉朝宗室的后代，早年曾在平阳太守杜恕那里做过功曹。功曹就是帮助太守管理记功、用人等具体事情的办事人员。刘毅在担任功曹时，做事很认真，对太守属下的官吏一个个都进行了考核。一些光吃饭不管事的闲散人员达100多人，都被他给淘汰了。

刘毅的做法，使得老百姓都很满意，大家都说："我们只听说有个刘功曹，没有听说有个杜太守。"

后来，刘毅被调任司隶校尉，负责京城的治安工作。他到任后不久，就把京城治理得井井有条，各行各业也全都走上了正轨。

刘毅做司隶校尉的时候，经常跟着晋武帝司马炎出去搞祭祀等活动。有一次，祭祀的仪式结束以后，司马炎问刘毅："拿我跟汉朝的皇帝比，你看我比得上哪一个？"刘毅想了一想说："我看陛下跟后汉的桓帝、灵帝差不多。"

司马炎满心希望别人说他像汉高祖或汉光武帝，没有想到刘毅居然说他跟桓帝、灵帝差不多。桓帝、灵帝是东汉王朝已经到了穷途末路时候的皇帝，他们在政治上没有什么作为，光知道卖官、增税、大修宫室等。这样的比方怎能使司马炎满意呢？他很不高兴地说："我的道德虽然比不上古代的圣人，可是我一心想做一个贤明的君主。我又平定了东吴，统一了天下。你拿我跟东汉的桓帝、灵帝相比，这未免有些不恰当吧！"

刘毅看了看司马炎，毫无顾忌地说："桓帝、灵帝卖官，得来的钱放在国库里。陛下也卖官，卖官得来的钱却归您私人。从这一点看来，陛下实在连桓帝、灵帝还不如哩！"

刘毅的话刺中了司马炎的要害，司马炎只好哈哈大笑，替自己找个台阶，说："桓帝、灵帝的时候，恐怕听不到这种直率的意见。如今有你这样的正直之臣，敢于直言不讳，看起来我跟桓帝、灵帝还是不同啊！"

刘毅的这些话使在场的人都大吃一惊，大家都以为刘毅这样直言不讳地提意见，最后一定要被处罚。可是，刘毅说的都是事实，司马炎也无法否认。司马炎毕竟是西晋的开国皇帝，也不是个听不进逆耳之言的人。为了收买臣下的人心，他也得表现出宽宏大量的样子，所以他不但没有责怪刘毅，后来还一直对刘毅加以提拔重用。

◎故事感悟

刘毅直言不讳劝谏司马炎，说明封建社会里正直的人还是不少的。他们敢于直言不讳地指出皇帝的过失。比起那些一味地用阿谀奉承、歌功颂德的手段来保自己的乌纱帽、求得升官发财的人，品格上要好得多。后代的史学家们也热情赞颂像刘毅一样正直的人士，这也说明公道自在人心。

◎史海撷英

魏晋风度

　　魏晋时期，是个十分动乱的年代，也是个思想比较活跃的时代。当时，新兴士大夫阶层的生存处境极为险恶，而他们的人格思想行为又极为自信风流，不滞于物，不拘礼节，特立独行，又颇喜雅集。如著名的"竹林七贤"，即阮籍、嵇康、山涛、刘伶、阮咸、向秀、王戎，他们在生活上不拘礼法，常常聚于林中喝酒纵歌，清静无为，洒脱偶觉。他们代表的"魏晋风度"，也得到了后来许多知识分子的赞赏。大书法家王羲之也颇具这种风度，他不拘礼法，自由洒脱，其作品"翩若惊鸿，矫若游龙"，深得后人的推崇。

◎文苑拾萃

晚楼寓怀

（唐）刘兼

薄暮疏林宿鸟还，倚楼垂袂复凭栏。
月沈江底珠轮净，云锁峰头玉叶寒。
刘毅暂贫虽壮志，冯唐将老自低颜。
无言独对秋风立，拟把朝簪换钓竿。

狄仁杰犯颜直谏

◎木受绳则直，人受谏则圣。——《孔子家语·子路初见》

　　武则天（624—705年），中国历史上唯一的女皇帝，也是继位年龄最大的皇帝（67岁即位）。唐高宗时为皇后，唐中宗和唐睿宗时为皇太后，后自立为武周皇帝，改国号"唐"为"周"，定都洛阳，并号其为"神都"。史称"武周"或"南周"，705年退位。

　　狄仁杰是唐高宗、武后时期的著名贤臣，颇有唐初名相魏征之风，凡认准了的事，一定据理力争，有时甚至在皇帝面前犯颜直谏。

　　调露元年（679年），司农卿韦弘执在东京洛阳为高宗建造了好几座豪华的宫殿。尤其是上阳宫，濒临山水，景色秀丽，加上一里长的画廊，显得分外豪华。高宗十分满意，立即移居到了洛阳。但没住几天，狄仁杰却上疏弹劾韦弘执，说他劳民伤财，建造华丽宫殿，引诱皇上追求奢侈。高宗猛然醒悟，随之免了韦弘执的官。

　　狄仁杰出任御史后，犯颜直谏的事更多，尤其令人佩服的是他参奏左司郎中王本立的事。王本立自恃受皇上宠信，在朝中为所欲为，文武百官也都对他畏惧不已。而狄仁杰却不信邪，抓住他犯法的事实，当廷弹劾他的罪过，奏请将他法办。高宗却下旨特赦，免他无罪。狄仁杰不服，又奏道："国家虽乏英才，却不少本立这样的人，陛下何必爱惜罪犯而违背王法？如陛下一定要赦免他，请先将我发配边疆！"高宗见他如此坚决，也只好收回成命，将王本立交大理寺以法论处。

　　武则天称帝后，狄仁杰进谏一如既往。有一次，武则天决定营造一尊大佛像，像高60丈，建于绝壁之上，30里之外便能看得清楚。石工匠役画师雕工已做出草图，佛像十分精妙雄伟，武则天遍传群臣，群臣赞不绝口，都称这是立于子孙万代的伟业。但是，当核算营造费用时，因府库日亏，国家拿不出钱来，怎么办呢？武则天要群臣出谋划策，有人提出，让天下和尚和尼姑每人每天出一钱，便可筹足营造资金。武则天很高兴，准备下令执行。

这时狄仁杰谏阻道："圣上要建一巨型佛像，本是一件好事，能留给子孙万代敬仰。但是，以仁杰的愚见，现在还无能力。因为，工程不会驱使鬼神来做，还要役使百姓来完成。财物终究不会自天而降，还是要百姓从地中产生。不管怎么筹集，最终还是损害百姓，索取于黎民。近年来战事频起，水旱失时，征役繁重，百姓家业已被剥空，国家创伤尚未平复，何必又要营造大佛像，担上个劳民伤财的坏名声？虽说征收僧钱，但抵不上总用款的百分之一；国家财力已先用尽，而人民的痛苦没有消除。这个时候大兴劳役，是国力所不能及的啊！现在战事未息，边境也不安宁，应该减缓守卫边地的徭役，节省无关的费用。假如雇工建造佛像，人们为追逐私利，都到建造处谋利，那必定要错过农时，自然丢弃了国家的根本。现在种不好庄稼，来年歉收必定挨饿。如果国家出资资助，用尽了人力财力，等一方有难，将用什么去解救呢？臣考虑再三，信仰佛教，旨在慈悲，救济众生，怎么能使民众劳苦困顿呢？"

开始时，武则天感到很生气，但听完狄仁杰的话，又迅速转怒为喜，收回了成命。

武则天当了女皇后，一直盘算着由谁来继承她的大业。她时而倾向于亲生儿子李显，时而又倾向于侄子武承嗣或武三思。狄仁杰发现：匈奴犯边时，武三思公开招募勇士，一个月还未招到1000人；而李显出面招募时，不到四天竟招了五万多人。这说明民心都在李唐。所以，他相机奉劝武则天说："太宗皇帝南征北战，创立了大唐基业，希望代代相传。高宗驾崩之前，又将两位皇子托付给陛下。陛下若打算把天下移交他姓，恐怕不妥。况且，亲娘与儿子总比姑妈与侄儿亲。若立儿子为太子，陛下百年后牌位还能配享祖庙；若由侄子当皇帝，他怎能将姑妈的牌位送进祖庙呢？"

武则天被他说动了心，但又表示："这是我的家事，你不必管。"

狄仁杰却说："王者以四海为家，四海之内的事，都是陛下家事。君为之首，臣为股肱，义同一体。何况您让我担任宰相，我哪能不需要预先知道一些呢？"

不久，武则天便将李显从外地接回皇宫，立为太子。

在狄仁杰为相的几年中，武则天对他的器重程度是群臣莫及的，她常称狄仁杰为"国老"而不名。狄仁杰喜欢面引廷争，武则天"每屈意从之"。狄仁杰曾多次以年老告退，武则天不许，入见，常阻止其拜。武则天曾告诫朝中官吏："自非军国大事，勿以烦公。"

久视元年（700年），狄仁杰病故，朝野凄恸，武则天哭泣着说："朝堂空也。"赠文昌右丞，谥曰文惠。唐中宗继位，追赠司空，唐睿宗时又封为梁国公。

◎故事感悟

狄仁杰凡事以大局为重，以国法为重。他侍奉两代君主，都能做到犯言直谏，丝毫不考虑自己的前途与安危。好在当时的君主还算开明，最终都能接受狄仁杰的意见，改正错误。狄仁杰的高风亮节和铮铮铁骨，也成为他得到无数后人敬仰的原因。

◎史海撷英

武则天爱才惜才

作为一个政治家，唐朝女皇武则天在历史上是以知人善任而著称的。武则天一朝号称"君子满朝"，娄师德、狄仁杰等著名的贤臣均在其列，后来的"开元贤相"姚崇和宋璟也是武则天时期提拔起来的。

武则天善于用人还体现在她在用人制度上的改革和创新。她改革科举，提高进士科的地位；举行殿试；开创武举、自举、试官等多种制度，让大批出身寒门的子弟有了一展才华的机会。

忘我谏言不惜身

◎不察事之是非而悦人赞己，暗莫甚焉。——《资治通
鉴·周安王二十五年》

韩愈（768—824年），字退之。唐代文学家、哲学家。河内河阳（今河南孟县）人。自谓郡望昌黎，世称韩昌黎。唐代古文运动的倡导者，宋代苏轼称他"文起八代之衰"，明人推他为唐宋八大家之首，与柳宗元并称"韩柳"，有"文章巨公"和"百代文宗"之名，著有《韩昌黎集》40卷、《外集》10卷等。

韩愈早年流离困顿，刻苦好学，有读书经世之志。唐德宗贞元二年（786年），19岁的韩愈赴长安参加进士考试，三试不第，直到贞元八年（792年）第四次应考，才考中进士。他仕途虽然坎坷不顺，但他一直保持着清廉的作风，抱着一颗爱国爱民的心，对当时社会的一些弊端敢于大胆揭露，坚决反对，即使受到打击也不妥协。

36岁时，韩愈任监察御史。此时，长安地区遇到了几十年未遇的大旱。田地龟裂，禾苗枯萎，大路上积着没脚深的浮土，这里已有半年滴雨未下了。

一天，韩愈专程去郊县察看旱情。烈日当空，不一会儿，他便汗流浃背气喘吁吁了。经过半天的颠簸，他终于来到了郊县的一个小村子。他跳下马，缓步来到地头上。韩愈脸色严峻，眉头紧皱，一位腰背佝偻、面孔黝黑的老农急忙迎上去和他交谈起来。

由于韩愈来过多次，当地百姓和他已很熟识。"韩大人，这可是几十年未遇的大旱啊！"

韩愈蹲下去仔细察看枯黄的庄稼，问老农："老哥，估计下来能收多少？"

"顶多是正常年景的一两成吧。"

"那租赋怎么办？"

"官府说一粒谷也不能少，老百姓只好卖儿鬻女来交租赋了。"讲到这里，老农声音哽咽，眼含泪花。"韩大人，你要为百姓讲话啊！"

韩愈站起来，心情沉重地点点头。他随老农又走访了几户人家，看了他们住的、用的，尝了尝他们锅里的粗糙饭食。最后他说："御史是喉舌之官，我一定将灾情如实禀奏圣上。"

回来的路上，韩愈在城门附近看到了一批骨瘦如柴、衣衫褴褛的老百姓。他们被绳子绑成串，跌跌撞撞地由差役赶着走。韩愈问："这些人触犯了什么刑律？"

"不肯交租！"差役说。

"我们连饭也吃不上，拿什么交租啊！"被拘押的百姓悲凄地说。

差役举起鞭子，恶狠狠地说："少啰嗦，到官衙再给你们颜色看！"

韩愈再也忍不住了，他匆匆策马回府，拿起毛笔，铺开卷轴，奋笔疾书，拟就了一份奏章。奏章说，长安附近几个县半年来没落雨，年成怕收不到往年的十分之一，许多百姓被迫卖儿女换口粮、交租税，好多人家已经断炊。京城是四方的腹地，国家的门面，对京城百姓应该倍加爱护。最后，韩愈建议减免今年长安地区农民的租赋，让人民度过灾年。

奏章写罢，韩愈逐渐冷静下来。他不由得想起这份奏章呈上后可能产生的后果：它会得罪好多人。首先，京兆尹（京城的地方长官）李实就会很不高兴。前几天李实还在唐德宗面前说过"今年虽旱，谷子长得却好"的话，自己这份奏章等于告他"欺君"之罪，而李实在朝廷里有许多支持者。其次还会得罪宦官，这些人在皇帝身边整天说些粉饰太平的话，以博取皇帝的欢心，这份奏章无异于揭穿他们的骗局。而自己又怎能斗过李实和宦官联合起来的力量呢？

他在书房里踱来踱去，思想斗争十分激烈。他想：国以民为本，民以食为天。身为御史，如果不管黎民百姓死活，不为他们讲话，哪里还谈得上忠君爱国呢？

第二天早朝时，韩愈毅然将奏章呈上。果然，这份奏章像一把火，着实烧痛了朝中的一些大臣，他们群起反对。昏庸的唐德宗十分生气，下诏贬韩

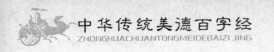
愈到广东阳山去当县令。

后来，直到唐宪宗的时候，韩愈才被调回朝廷，但他仍然不顾个人安危得失，以国家利益为先，屡次仗义执言。

元和十四年（819年），韩愈再一次被贬到荒远的潮州。他走到蓝田关的时候，他的侄孙韩湘匆匆赶来，来陪伴这孤苦的老人。韩愈挥笔写下了《左迁至蓝关示侄孙湘》一诗：

> 一封朝奏九重天，夕贬潮阳路八千。
>
> 欲为圣朝除弊事，肯将衰朽惜残年。
>
> 云横秦岭家何在？雪拥蓝关马不前。
>
> 知汝远来应有意，好收吾骨瘴江边。

韩愈为什么再次遭贬呢？原来唐宪宗李纯是个很迷信佛教的皇帝，在他的影响下，从朝廷官员到民间百姓掀起了信佛热。当时，在凤翔的法门寺里放着一块佛骨舍利，据说是佛祖释迦牟尼的遗骨，30年才开放一次。元和十四年，又到了对外开放的时候。宪宗为了表示自己的虔诚，竟派出30名宫人，手持鲜花把佛骨迎进皇宫里供起来。皇帝这么一做，从王公贵族到老百姓，迷信闹得更厉害了，有不少人为了供奉佛祖甚至倾家荡产，摧残身体。

韩愈对这件事极其反感，他认为这样闹下去对国家、对老百姓都很不利，于是他当即上了一封《谏迎佛骨表》给朝廷，极力劝阻皇帝停止这一闹剧。他在这封上书中说，佛教这东西是外国传来的，中国古时候是没有的。尧、舜、禹、汤、文、武这些古代圣王，都不知道什么是佛教，可他们把国家治理得都很好，老百姓安居乐业，他们自己的寿命也很长。佛教是在东汉明帝时期传入中国的，可是明帝只做了18年皇帝。从那以后，社会变乱就不断发生。到了南北朝，宋、齐、梁、陈等各朝皇帝们信奉佛教更加虔诚，倡导得更加卖力，然而那些朝代没有一个长久的。当时的梁武帝祭祀不用牲畜，自己也不食荤腥，还三次出家当和尚，结果被叛军围困，活活饿死。本想拜佛求福，得到的却是悲惨结局。至于那块佛骨，应当把它扔到河里，或者烧掉，免得它迷惑人心。佛如果真正有灵，就让他把一些灾祸责罚，都加到我韩愈身上吧。

宪宗看了韩愈的上书，气得暴跳如雷。这个糊涂皇帝认为这是韩愈故意和他作对，影射他活不长久。盛怒之下，他要把韩愈处以死刑。幸亏宰相裴度等大臣极力为韩愈说情，才改为贬职处分，贬到潮阳去当刺史。潮阳就是如今广东省东部的潮安，在当时那是极其偏远的地方。从中原贬到那里去，算是很重的惩罚了。

前面的那首七律，就是韩愈在前往潮阳的路上写的。诗中充满了对国家的耿耿忠心和对于朝廷腐朽昏庸的不满。全诗起首悲壮，表达了自己坚毅的性格，结尾却低沉哀伤，向来为自己送行的侄孙韩湘交代后事，表现了作者虽然有一颗火热的心，却无力扭转封建朝廷的腐败行径。

虽然这次上书没有起到它应有的作用，韩愈也受到了不公正的处分，但是，他为国为民着想，不畏皇威，敢于提出不同意见的精神，却得到了历史的肯定和后人的尊敬。

◎故事感悟

在封建社会，皇帝的权威是至高无上的。即便如此，仍有很多正直的官员为了正义不顾安危，冒死进谏。韩愈就是古今正直士大夫的杰出代表，面对宗教迷信泛滥的局面，他力挽狂澜，言辞激烈，体现了对国家的一片耿耿忠心。他的事迹千百年来为人们所传诵，其高风亮节永远值得后人学习。

◎史海撷英

韩愈"勇夺三军帅"

韩愈在做官期间，在政治上主张国家统一，反对藩镇割据。唐宪宗时期，韩愈曾随同裴度平定了淮西藩镇之乱。长庆元年（821年）七月，韩愈转任兵部侍郎。第二年，他便单身匹马，冒着风险赴镇州宣慰乱军，史称"勇夺三军帅"。不费一兵一卒，韩愈便化干戈为玉帛，平息了镇州之乱。

包拯三谏宋仁宗

◎勿谓我尊而傲贤侮士，勿谓我智而拒谏矜己。——《贞
观政要·刑法》

> 宋仁宗（1010—1063年），北宋第四代皇帝，1023至1063年在位。初名受益，宋真宗的第六子，1018年立为皇太子，赐名赵祯。1023年即帝位，时年13岁。1063年驾崩于汴梁皇宫，享年53岁。在位41年。在位时期宋朝面临官僚膨胀的局面，冗官冗兵特别多，而对外战争却又屡战屡败，虽然西夏已向宋称臣，但边患危机始终未除。后来虽一度推行"庆历新政"，但未克全功。其陵墓为永昭陵。

北宋皇祐二年（1050年），在一次朝会上，宋仁宗下诏，以三司使、户部侍郎张尧佐为宣徽南院使、淮康军节度使、景灵宫使。听到仁宗的诏书，张尧佐忙兴冲冲地跑出班列，叩头谢恩接旨。然而，满朝的文武百官却冷眼旁观，没有一个人表示祝贺。因为张尧佐任这个朝中要职，是由其侄女的裙带关系得来的。他的侄女就是宋仁宗宠爱的张贵妃。张贵妃受到宋仁宗的宠爱，张尧佐自然也跟着青云直上了。

虽然朝廷众官对张尧佐升迁之事不满，但事后也没有人再放在心上，只有一个人为此事忧心忡忡，这个人就是包拯。

当时，包拯正任监察御史，负责对皇帝百官的纠弹。他认为，宋仁宗一再拔擢张尧佐，任人唯亲，不合大宋的法度。因此，他上疏指出宋仁宗这样提拔张尧佐是错误的，并分析其背景是后宫干政、个别大臣曲意奉迎。包拯这一举如天惊石破，激起了一片称赞。大臣们也纷纷上书反对仁宗任命张尧佐。面对强大的舆论，宋仁宗只好收回成命。

转眼到了第二年的正月，宋仁宗经不住张贵妃的一再请求，再次下旨擢升张尧佐。包拯冒着再次触犯宋仁宗和张贵妃的危险，又一次挺身直谏。张尧佐见包拯等人言辞激烈，感到众怒难犯，当即表示不接受委任。于是，宋仁宗也就顺势下台了。

可是，这件事却让张贵妃很不高兴，她一再在仁宗耳边吹风。这年八月，宋仁宗在金殿上又一次降旨提拔张尧佐。可是御旨一下，包拯马上上奏。这一回，宋仁宗打定主意，坚持己见，说："张尧佐并无大过，可以擢升。"

包拯谏驳道："各地官吏违法征收赋税，闹得民怨纷纷。张尧佐身为主管，怎么能说是无大过呢？"

宋仁宗叹了口气，婉转说道："这已是朕第三次下旨任命了。朕既贵为天子，难道擢任一个人就这么不容易吗？"

包拯闻言，直趋御座，高声说道："难道陛下愿意不顾民心向背么？臣既为谏官，岂能自顾安危而不据理力争！"张尧佐站在一旁，直听得心惊肉跳。

宋仁宗见包拯这么执著，众大臣又纷纷襄赞，而自己又没有合适的理由反驳，心里非常生气，一甩手就回了宫里。

张贵妃早已派人在打探消息，知道又是包拯犯颜直谏，惹得仁宗下不了台，所以等仁宗一回来，她就马上迎上前去谢罪。

宋仁宗余怒未消，举袖擦脸，说："包拯说话，唾沫直溅到朕的脸上！你只知道宣徽使、宣徽使，就不知道包拯他还在当御史！"

在包拯的努力下，张尧佐最终没有得到升迁，使国家避免了不小的损失。像这样犯言直谏的事情，包拯一生不知做过多少，难怪他会成为人们心目中正义的化身。

◎故事感悟

包拯做事完全从国家的利益出发，为了避免奸佞小人受重用而害国害民，他不惜当堂驳斥最高统治者，这样的正直之德和忘我之心远超他人。宋仁宗虽有私心，但最终能改正错误做法，也属难能可贵。

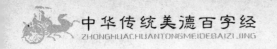
◎史海撷英

宋仁宗俭朴律己

有一天，宋仁宗处理事务直到深夜，又累又饿，很想吃碗羊肉热汤，但他忍着饥饿没有说出来。第二天皇后知道此事，就劝他："陛下日夜操劳，千万要保重身体，想吃羊肉汤，随时吩咐御厨就好了，怎能忍饥使陛下龙体受亏呢？"仁宗对皇后说："宫中一时随便索取，会让外面看成惯例。我昨夜如果吃了羊肉汤，厨子以后就会夜夜宰杀，一年下来，就要数百只。若形成定例，日后宰杀之数更不堪算计。为我一碗饮食，创此恶例，且又伤生害物，于心实在不忍。因此我甘愿忍一时之饥。"

◎文苑拾萃

书端州郡斋壁

（宋）包拯

清心为治本，直道是身谋。

秀干终成栋，精钢不做钩。

仓充鼠雀喜，草尽兔狐悲。

史册有遗训，毋贻来者羞。

一心为国，请斩奸佞

◎以天下之目视，则无不见也；以天下之耳听，则无不闻也；以天下之
心虑，则无不知也。——《六韬·文韬·大礼》

胡铨（1102—1180年），字邦衡，号澹庵。南宋吉州庐陵芗城（今江西省吉安市青原区值夏镇）人。南宋政治家、文学家，爱国名臣，庐陵"五忠一节"之一。生于国家多事之秋，建炎二年（1128年）中进士，授抚州军事判官。绍兴五年（1135年），升任枢密院编修官。写下著名的《戊午上高宗封事》，被贬广州监管盐仓。孝宗即位后，胡铨被起用，知饶州（今江西波阳）。不久又授予秘书少监、起居郎、侍讲、国史院编修、工部侍郎、兵部侍郎等要职，后以资政殿学士致仕。胡铨晚年定居庐陵青原山南麓。死后，谥"忠简"。著有《澹庵文集》100卷传世，另有《澹庵词集》。《宋史》卷374有传。

　　绍兴八年（1138年），宋高宗任用被金人收买的奸臣秦桧为宰相兼枢密使。从此，这一对昏君奸臣便沆瀣一气，向金人乞和。

　　当时，秦桧指派亲信王伦出使金国，表达议和之意，并请求金国派遣使者前来具体商谈议和之事。同年10月，金国派人携带国书与王伦一同来到临安。

　　金国使臣来到临安后，便骄横跋扈。他们将南宋当作是金国的一部分，要求宋高宗赵构脱下皇袍，改穿臣服，跪拜在金使脚下接受金人的"诏书"，而且还提出了非常苛刻的和谈条件，要求南宋对金纳贡称臣，每年要向金国献上银25万两、绢25万匹。

　　消息传出后，时任枢密院编修官的胡铨忧心如焚。他要上书高宗，斩除奸臣，以兴国家。于是，胡铨纵笔直书，写下了历史上著名的、至今读来依然感人肺腑、痛快淋漓的奏疏《戊午上高宗封事》。他在奏疏中说道：

"我谨慎考察过，王伦本来是一个行为轻薄奸邪的小人，街市上的狡诈之徒，前不久因宰相秦桧没有眼力，竟推举他出使金国。他专事奸诈虚妄，欺骗皇上，突然得居高官，天下人无不痛恨唾骂他！现在他无缘无故地引来金国使臣，以'江南诏谕使'的名义同我朝谈判，这是想把我大宋当作臣妾，想把我大宋当作刘豫对待啊！

"刘豫像臣妾一样侍奉金人，面朝南做上了儿皇帝，他自认为这是子孙称帝而万代不会改变的事业，金人一旦改变主意，就把他揪住捆绑起来，父子都做了俘虏。先例可鉴，时间不长，而王伦又想要皇上效法刘豫。

"天下是祖宗创立的天下，皇上所居的帝位是祖宗传下的帝位，怎么能把祖宗的天下变为金人的天下，把祖宗的帝位变成金人附属国儿皇帝的地位呢？皇上一投降，那么宗庙社稷的神灵都将被金人所玷污，祖宗养育了几百年的人民都要衣襟向左改变风俗了，朝廷执政大臣都将降为陪臣，全国的士大夫都要废弃汉族的礼服，换上胡人的服装。到那时，金人的贪欲无法满足，怎么知道他们不会像对待刘豫那样用无礼的态度强加到我们头上呢？

"三尺儿童是最不懂事的，如果指着狗猪要他跪拜，那他也会怫然不悦；现在金人就是狗猪，堂堂宋国，一个接一个地拜倒在狗猪脚下，就是小孩子都感到羞耻，难道皇上忍心这样做吗？

"王伦的意见竟说：'宋朝只要向金人投降，那么徽宗的灵柩便可归还，太后便可回国，钦宗便可回来，中原便可收复。'唉！自从汴京沦陷以来，主张议和的人，谁不是拿这种话来引诱皇上呢？但是终究没有一件事情应验，金人是真心还是假意就已经非常清楚了。而皇上还不醒悟过来，耗尽百姓的膏血却不知顾惜，忘了国家大仇却不思报复，含垢忍辱，拿天下来臣事金人却心甘情愿。

"即使金人一定可以讲和，完全像王伦所说的那样，那天下的后人又将会把皇上说成是什么样的君主呢？何况金人狡诈多端，而且王伦又用奸诈的手段帮助他们，那么徽宗的灵柩决不可能归还，太后决不可能回国，钦宗决不可能归来，中原决不可能收复。然而膝盖一弯曲便不能再伸直了，国势一衰微便不能再振作了，真叫人为此痛哭流涕长叹不已啊！

"过去皇上辗转避难在海上，危险得像垒起来的禽蛋一样，那个时候尚且不愿面向北方对敌称臣，何况现在国家形势逐渐好转，将领们竭尽锐气杀敌，士兵们渴望奋起抗战。就比如前不久金人势力到处侵扰，刘豫配合金兵入侵，我军就在襄阳、淮水、涡口、淮阴等地击败过他们。现在比起当时流离在海上那样的危险境遇，当然已经好了万倍。假使不得已而非用兵不可，我们难道就一定会处在金人之下吗？

"现在无缘无故地反而臣服于金人，要委屈皇帝的尊严，向金人俯首跪拜，三军将士不等作战士气就已经衰竭了。这就是鲁仲连仗义不尊秦为帝的原因，不是舍不得那尊秦为帝的虚名，而是顾惜那天下大势不容许这样做。

"现在朝廷内大小官员，朝廷外军队和百姓，异口同声，都恨不得要吃王伦的肉。议论纷纷，皇上却不闻不问，我真担心一旦事变发生，祸害将不可预料。我私下认为不杀掉王伦，国家的存亡就不可预知啊！

"虽然如此，王伦不值一说，而秦桧凭着朝廷心腹大臣的身份也做出这样的事。皇上有唐尧、虞舜的才资，秦桧不能使皇上成为唐尧、虞舜一样的国君，却想诱导皇上做石敬塘那样的儿皇帝。近来礼部侍郎曾开等人引用古人所说的道理来驳斥他，秦桧竟大声呵斥他们说：'你知道古人的事，我难道不知道吗？'秦桧坚持错误，不听别人的劝告，从这件事上就自然可以看清楚。

"至于他提出建议，让御史台、谏院和左右侍从共同讨论可否议和，这大概是害怕天下人议论自己，而让御史台、谏院和左右侍从共同来分担舆论的指责。有见识的人士，都以为朝廷没有人才。唉！真痛惜啊！

"孔子说：'倘若没有管仲，我们恐怕要披着头发，衣衽向左了。'管仲不过是霸主齐桓公的助手罢了，还能改变衣衽向左的地区，协助主持会盟各国诸侯。秦桧是大国的宰相，反而驱使百姓放弃文明风俗，变为衣衽向左的地方。那么秦桧不仅是皇上的罪人，实在也是管仲的罪人了。

"孙近附和秦桧的意见，于是做到参知政事。天下人盼望太平如饥似渴，孙近却在中书省白吃饭，议事时完全不敢表示赞成或反对。秦桧说对敌国可以讲和，孙近也说可以讲和；秦桧说天子应当向金人下拜，孙近也说应当下拜。我曾经到过政事堂，多次提出质问而孙近却不回答，只是说：'已经命令御史台、谏院和左右侍从讨论了。'唉！参与决定国家大事却只求讨人喜欢，空占官位到了这种地步，如果敌人骑兵长驱直入，还能抗拒敌人抵御外侮吗？

我私下认为秦桧、孙近也应该斩首。

"我充当枢密院一名属员，誓不与秦桧等同活在一个天底下。我的小小心愿，就是希望将秦桧、王伦、孙近三人斩首，把他们的头颅悬挂在竹竿上到藁街上去示众。然后拘留金国使者，责备他们违背礼义，再从容地派出讨伐金国的军队，那么三军将士不待作战就已勇气倍增。不这样的话，我只有跳入东海一死罢了，岂能留在小朝廷苟且偷生！"

这份被称为"斩桧书"的奏疏一经传出，立刻引起了强烈的反响。宜兴进士吴师古迅速将此书刻版印行，南宋上至官吏下至百姓都争相传诵。

金人闻讯后，也急忙以千金购得此书。读罢，君臣失色，连连惊呼："南宋有人"，"中国不可轻"。

然而，昏庸的高宗赵构和奸相秦桧看到"斩桧书"后，惊恐和愤怒达到了极点。他们以"狂妄上书，语言凶悖，仍多散副本，意在鼓动，劫持朝廷"的罪名，革去了胡铨的官职，将胡铨流放到广东去了。

宋孝宗即位后，胡铨被重新起用。但不论是在朝堂上，还是在外面，胡铨总是坚决站在主战派一边，反对议和，抗金爱国之心矢志不移。

◎故事感悟

胡铨明知敌人实力强大，朝廷主和派占上风，皇帝也倾向主和，但仍以国家利益为重，一腔热血化为慷慨直言，大大鼓舞了民心士气。他虽遭贬谪，20多年不能参政，但他爱国之心不减，忠贞之志不改，近千年后仍令人感动不已。

◎史海撷英

胡铨收复吉州

宋高宗建炎二年（1128年），胡铨殿试中魁。高宗见到他的试文后，大加赞赏，便欲钦点为状元。然而，有个别考官认为胡铨的言词过于直率，指出了当朝的时弊，切痛了统治者的要害，因而排挤胡铨，最后只录在进士第五名，任命他为抚州军事判官一职。因其父病故，胡铨在家守孝，没有赴任。

　　当时，正值金兵攻打南宋，便遣派精兵强将从洪州（今南昌）赶至吉州（今吉州区），追捕南逃的隆裕太后。隆裕太后闻讯后，赶紧向赣州逃命，导致吉州城内兵无一卒，官无一人，金兵不费吹灰之力地占领了吉州城。在家守孝的胡铨闻之，立即招募乡勇组成义军，与金兵展开了争夺吉州城的战斗。

　　在战斗中，胡铨采用了灵活机动的战略战术，在敌人面前佯攻一会儿便走，敌人追来就快速退去，敌人停驻又偷袭一阵。敌人恼羞成怒，骑兵、步兵一齐上，一路追至青原山、天梁山。一进山，敌人就失去优势，骑不能快，追无踪迹，攻不可入。相反，在山中胡铨率部却游刃有余，常常令敌人坐以待毙。因而每次战斗，胡铨都能获大胜，令金军进退两难，无奈之下，只好弃城遁北，吉州城失而复得。胡铨守城有功，很快便被提拔进朝廷做官。

◎文苑拾萃

定风波

（南宋）胡铨

从古将军自有真。

引杯看剑坐生春。

扰扰介鳞何足扫。

谈笑。

纶巾羽扇典刑新。

试问天山何日定。

伫听。

雅歌长啸静烟尘。

解道汾阳是人杰。

见说。

如今也有谪仙人。

海瑞冒死谏言

◎至忠逆于耳，倒于心。——《吕氏春秋·至忠》

明世宗朱厚熜（1507—1566年），1521至1566年在位，年号嘉靖。明宪宗庶孙，兴献王朱祐杬嫡子，明武宗朱厚照之从弟。母蒋氏。谥号"钦天履命英毅圣神宣文广武洪仁大孝肃皇帝"。最初登基的几年较有所作为，后期常年痴迷于修道，导致吏治败坏，边事废弛。嘉靖四十五年（1566年）十二月十四日，朱厚熜卒于乾清宫，年60岁。庙号世宗。葬北京昌平永陵。

明朝的嘉靖皇帝在即位之初确实较有作为，但后来他日渐腐朽，不仅滥用民力大事营建，而且迷信方士，尊尚道教。他移居西苑（今北京北海、中南海），不问朝政。为乞求延年益寿，他竟宣称自己是尘世外的人，不视朝政，修炼道法。为讨得皇上欢心，工部忙于为他修建供奉神灵、修炼道法的场所，户部忙于购香置宝，各督抚大吏争上吉祥征兆，而礼官又动辄表贺，搞得整个朝堂乌烟瘴气，却没有一人敢言半个"不"字。

海瑞对这种状况极为痛心，遂于嘉靖四十五年二月（1566年2月）上了一道长疏，对皇帝的荒唐行为进行了严厉的指责。

他说："陛下一心一意学道修行，倾尽民脂民膏，用于滥兴土木工程，不临朝听政，使得法律纲纪已经废弛了。数年来卖官晋爵推广开纲事例，毁坏了国家名器。二龙不能相见（指嘉靖帝听信方士的谗言，天子之间不能互相见面），使得人们认为您不顾及父子亲情；因猜疑而诽谤杀戮污辱臣下，人们认为您不顾及君臣之情；享乐在西苑不返回大内，人们认为您不顾及夫妻之情。官吏贪污骄横，百姓无法生活，水旱灾害经常发生，盗贼滋生。请陛下想想今日的天下，究竟成了什么样子？

"近来严嵩被罢免了内阁首辅的职位，严世藩受到了严刑的惩罚，一时人心大快。然而严嵩被罢官之后，国家的情况还和严嵩未担任首辅之前一样，世道并不十分清明，离汉文帝时的国富民强还差很远。因为天下人对陛下心存不满已经很久了。古代君主有过失，依靠大臣扶正补救。现在竟然修斋建醮，大都前来进香、奉送仙桃天药，大家一块奉辞上表祝贺。建筑宫室，则竭尽全力去实施；购买香料珍宝，则派人四处寻求。陛下做错误的事，而诸臣都跟着错误地顺从，没有一个人肯为陛下端正言论，阿谀奉承得太过分了。

"陛下的确知道斋醮没有好处，只要翻然改悔，每天临朝听政，和宰相、侍从、言官等人讲论天下利害，雪洗数十年以来积累的错误，置身在唐尧、虞舜、大禹、商汤、周文王、周武王圣贤君主的行列，使诸臣也得以自己洗净数十年阿谀奉承君主的耻辱，置身于皋陶、夔龙、伊尹、傅说等贤明辅臣的行列中，治理天下还有什么可担心的呢？这只是在陛下的一念之间而已。放下这些不做，而急于羽化登仙，枉费精神，用来追求虚无飘渺、茫然不可知的领域，臣认为这样会劳苦一辈子，而最终将一无所成。现在位高权重的大臣为保持自己的官位而喜欢阿谀奉承，人微言轻的大臣害怕治罪而不敢说话，臣抑制不住自己的愤恨。因此冒着生命的危险，愿意竭尽诚挚之情，希望陛下听取。"

嘉靖皇帝读了海瑞的上疏，十分愤怒，把上疏扔在地上，对左右说："快把他逮起来，不要让他跑掉。"宦官黄锦在旁边说："这个人向来有傻名。听说他上疏时，自己知道冒犯该死，买了一个棺材，和妻子诀别，在朝廷听候治罪，奴仆们也四处奔散，没有留下来的，他是不会逃跑的。"皇帝听了默默无言。过了一会儿又读海瑞上疏，一天里反复读了多次，感慨地说："这个人可和比干相比，但朕不是商纣王。"嘉靖知道海瑞说得都对，但他咽不下这口气，几经思考，还是将海瑞投入到大牢中。

数月后，嘉靖因食丹中毒而死去。提牢主事听说后，认为海瑞不仅会释放，而且会被任用，就置办了酒菜来款待海瑞。海瑞以为自己要被押赴西市斩首了，就恣情吃喝，不管别的。主事附在他耳边悄悄说："皇帝已经死了，先生现在即将出狱受重用了。"海瑞说："确实吗？"得到肯定的答复后，海瑞

悲痛大哭，以致吐出了吃的食物。

隆庆帝一登极，立即将海瑞释放，并官复原职。

◎故事感悟

海瑞不仅有强烈的爱民之心，更有嫉恶如仇的正直之心。面对沉迷道教、无心朝政的皇帝，他以死相谏，以警醒皇帝。他的勇气和凛然气节将光照千古，他的行为也告诉人们应该怎样做人。

◎史海撷英

海瑞巧制贵戚

海瑞在任淳安知县时，有一次，朝廷重臣胡宗宪的儿子路过淳安县，便向海瑞索要见面礼，海瑞不给。胡宗宪的儿子就向驿吏发怒，把驿吏倒挂起来。海瑞知道后，说："过去胡总督按察巡部，命令所路过的地方不要供应太铺张。现在这个人行装丰盛，一定不是胡公的儿子。"于是命人打开胡宗宪的儿子所带的袋子，发现有金子数千两，便尽数收入到县库中，并派人乘马报告胡宗宪。胡宗宪自知理亏，也没能治海瑞的罪。

◎文苑拾萃

海珠寺

（明）海瑞

南海骊龙不爱珠，水心擎出夜明孤。
云流上下天浮动，月浸空蒙地有无。
两岸交花摇彩槛，千艘横渚散飞凫。
即看佛宝连金界，全胜仙人弄玉壶。